D 2 5217

Amsterdam
1685

Aubert de Versé, Noel

L'impie convaincu, ou dissertation contre Spinosa, dans laquelle on réfute les fondemens de son athéisme...

L'IMPIE CONVAINCU,

OU

DISSERTATION

CONTRE

SPINOSA.

Dans laquelle l'on refute les fondemens de son Atheisme.

*L'on trouvera dans cét Ouvrage non seulement la
refutation des Maximes impies de Spinosa,
mais aussi celle des principales hypotheses du
Cartesianisme, que l'on fait voir être l'origine
du Spinosisme.*

A AMSTERDAM,

Chez Jean Crelle, Imprimeur sur le
Déventer-houtmarkt.

MDCLXXXV.

A

SON EXCELLENCE

MONSEIGNEUR

LE COMTE D'AVAUX.

Conseiller d'Etat, & Ambassadeur Extra-
ordinaire de Sa Majesté auprés des Etats
Generaux des Provinces Unies.

ONSEIGNEUR,

QUOIQUE je sçache fort
bien que l'ouvrage que je prens
la liberté de presenter aujour-
d'hui à VÔTRE EXCELLENCE
soit infiniment au dessous d'Elle, j'espere neanmoins que
suivant cette bonté & cette ge-
nerosité dont Elle donne des

a   marnarques à tout le monde, principalement à ceux qui s'approchent d'Elle, vous ne l'aurez pas desagreable. Les plus grands Rois de Perse se contentoient autrefois d'un peu de terre & d'eau pour hommage des peuples qui leur étoient soûmis. Dieu même se contente d'un peu d'encens qu'on fait brûler sur ses autels. Il est vrai que si peu de chose n'est pas digne de sa grandeur ; mais ce n'est pas une chose indigne d'elle que de l'accepter, lorsque ce present est accompagné de l'amour & du respect quo'n lui doit. C'est MONSEIGNEUR dans cette disposition que je Vous offre cét essai de Metaphysique que j'ay composé contre Spinosa le plus impie

pic & le plus fameux, mais en
même temps le plus subti
Athée que l'enfer ait jamais vo-
mi sur la terre. Je ne me flatte
pas d'avoir sibien réüssi à refuter ses subtilités impies que je
croye pouvoir meriter entierement Vôtre approbation. J'o-
se neanmoins me promettre
que Vous reconnoîtrez aisément que j'ay ruiné ses principes les plus dangereux, si ce
n'est pas avec toute la solidité
que l'auroit pû esperer d'un
homme plus sçavant que moi,
& qui auroit sçû satisfaire parfaitement VÔTRE EXCEL-
LENCE, ç'a été du moins avec
toute la clarté possible, & d'u-
ne maniere qui ne laissera pas
pourtant de rabattre la vanité
des disciples de cét Imposteur,

                    &

& de renverſer les trophées imaginaires qu'il pretendoit avoir dreſſés à ſon Atheiſme. Vous jugerez mieux de ce qui en eſt que perſonne du monde, Vous MONSEIGNEUR dont toute la Hollande , toute la France, toute l'Europe même admire le genie ſublime, fort, penetrant, juſte, éclairé, & tel enfin que Vous venez de le faire paroître aux yeux de toute la terre par la réüſſite ſi glorieuſe pour Vous, & ſi avantageuſe à toute l'Europe Chrétienne, de la Trêve où Vous avez ſçû engager ce puiſſant Etat, dont les demarches entraînent toûjours le reſte des puiſſances ou ſuſpectes ou ennemies de la France. Il n'y avoit que VÔTRE EXCELLENCE

qui

qui fût capable de venir à bout
d'une entreprise aussi difficile &
aussi delicate que celle-là, ni qui
pût seconder si bien les desseins
genereux de nôtre Invincible &
Auguste MONARQUE, qu'ils
produisissent enfin l'effet qu'on
souhaitoit. Il n'y avoit qu'Elle
qui fût capable d'allier & de réü-
nir tant de sentimens divers,
tant d'interests contraires, tant
d'esprits partagés. Mais il n'est
rien dont V. E. ne puisse venir à
bout, aprés une Ambassade de
Venise, & une paix de Nimegues. C'est cette paix qui nous
renouvelle sans cesse la memoire
de ce que fît autrefois cét Ange
de paix CLAUDE DE MESMES
Plenipotentiaire à la Paix de
Munster, qui y fît tout ce que
l'on Vous a vû faire à Nimegues

en nos jours. Tant il est vrai
que c'est un destin attaché à
Vôtre Famille de naître avec le
merite & la vertu, & d'être également honorés par nos Rois
des emplois les plus illustres, &
de s'en aquitter également bien
les enfans comme les peres &
les ayeux, & les néveux comme
les oncles. En effet l'on n'a qu'à
jetter les yeux sur V. E. pour reconnoître qu'Elle herite la vertu, le merite, & les honneurs
avec tous les autres avantages
attachés à Vôtre Naissance. Outre cela je ne sçaurois assés admirer la conduite de la Provi-
dence Divine sur Vous. Car il
paroît qu'elle Vous a pris comme par la main pour Vous conduire au lieu ou Vous êtes, &
Vous y faire demeurer depuis
quel-

quelques années, pour procurer
non seulement le bien general
de toute la Chrétienté , mais
aussi afin que Vôtre vertu & Vôtre pieté servissent de contre-
poison à l'Atheisme qui y faisoit de furieux ravages par le
moyen de Spinosa, qui y est
mort tenant école d'impieté.
A qui donc aurois-je pû consa-
crer plus justement cét ouvrage
uniquement destiné à la ruiner,
qu'à V. E. qui joint la pieté &
la vertu avec la prudence , &
l'ardeur du zele avec la lumiere
de la science, dont toute la vie
en un mot est une perpetuelle
conviction de l'impieté. C'est
encore une espece de reconnois-
sance que je Vous dois en qualité de François, & que je Vous
prie de mettre un nombre de
cel-

celles que tous les François qui
vivent dans cét état, Vous rendent tous les jours, pour Vous
remercier de la protection que
Vous ne manquez jamais de
leur faire sentir toutes les fois
que l'occasion s'en presente. Je
suis,

MONSEIGNEUR,

De Vôtre Excellence

le tres-humble &
tres-obeïssant Serviteur
AUBERT DE VERSE.
Ci-devant Ministre de la
Religion pret. Reformée.

AVERTISSEMENT.

L n'y a rien au monde de plus pernicieux que l'erreur, lorſqu'elle ſe gliſſe dans la ſocieté humaine ſous le manteau & l'habit de la verité. Il n'y a point de deſordres & de ravages qu'elle n'y cauſe en cet état-là. Elle en infecte univerſellement toutes les parties. Des claſſes de Philoſophie elle paſſe aux Ecoles de Theologie, de-là elle monte dans les chaires de l'Egliſe, d'où les peuples credules la ſuccent, & corrompent par là toute leur raiſon, & ce qui eſt de plus deplorable, toute la conduite de leur vie. Cela eſt ſi vrai, que les plus legeres erreurs en Philoſophie, & les plus innocentes en apparence ont toûjours avec le temps ces ſuites ſi facheuſes. Il ſemble qu'il n'y a rien de plus innocent que cette penſée par exemple, que ce que nous appellons Eſpace ſoit une veritable ſubſtance corporelle. Cependant cette erreur ſi legere en apparence, fait tous les jours des Spinoſiſtes, comme je le montre dans cet ouvrage, en les obligeant à ne reconnoître point d'autre ſubſtance que celle-là, parce qu'elle leur paroît abſolument infinie, & à lui donne tous les attributs que l'on donne ordinairement à la Divinité même. En effet ſi l'eſpace étoit une veritable ſubſtance, elle ſeroit infinie, & l'unique par conſéquent, qui exiſteroit par elle-même. Qu'y a-t'il encore de moins dangereux en apparence que ce ſentiment, que la conſervation des êtres créez n'eſt autre choſe que l'acte continuel

* 2

de "

de leur premiere production ? Cependant je
fais voir evidemment que cela conduit au
Spinosisme. Je pourrois apporter beaucoup
d'autres exemples, si je le jugeois à propos ;
mais ces deux suffisent pour justifier ma
proposition ; & nous apprendre en même
temps combien nous devons nous garder de
tomber dans l'erreur, quelque apparence
de verité qu'elle emprunte pour s'insinuer
dans nos esprits. Nous devons pratiquer
aussibien en matiere de Philosophie cette
belle leçon que J. C. nous donne au sujet
de la religion ; qui est de nous garder des
faux Docteurs & des faux prophetes, qui
viennent à nous en habit de brebis, & ne
sont pourtant au dedans que des loups ravis-
fans. Tel estoit un Spinosa, qui n'a proposé
son Atheisme que sous les couleurs & les
apparences de la verité, ou de ce .qui passe
encore aujourd'hui parmi presque toutes les
Ecoles Chrétiennes pour la verité même.
Car d'un côté il l'a bâti sur des maximes
authorisées depuis je ne sçai combien de siecles parmi les Philosophes Chrétiens, & reçûes generalement pour des axiomes, & les
premiers principes, & de l'autre sur les
nouveaux sentimens d'une nouvelle Philosophie, qu'il voyoit s'introduire agreablement dans le monde, & chez les plus beaux
esprits,& les plus éclairez du siecle. En effet
à lire la premiere partie de la morale de Spinosa, où il ne parle que de Dieu, & de sa
puissance infinie, & de sa souveraine inde-
pendence, qui ne le prendroit pour un veritable Philosophe, & pour un Docteur de
la verité ? Ces grands noms neanmoins,

ces

ces noms sacrez, ces termes saints & religieux ne cachent que l'Atheïsme le plus abominable qu'on pût inventer, & se reduisent tous à nous faire adorer la nature & tout ce qui en fait partie, c'est-à-dire, nous mêmes, aussibien que les pierres & les plus vils animaux, en la place du vrai Dieu, & de l'Autheur de la nature même.

De-là l'on peut juger combien il est important d'examiner soigneusement toutes choses, jusqu'à ces grandes hypotheses reçûes pour des axiomes dans les Ecoles; & de ne les adopter jamais qu'aprez avoir bien consulté sa raison, & pesé meurement toutes les consequences qu'elles peuvent naturellement renfermer. Quand nous ferons cet Examen, nous trouverons assurement qu'on nous a bien trompé, & que l'on nous vouloit faire recevoir pour premiers principes des choses ou evidemment fausses, ou pour le moins des choses qui ont encore besoin d'autres principes plus certains, afin de se soûtenir. C'est là cette liberté d'esprit qui nous est si necessaire, & si avantageuse dans la recherche de la verité. Mais ce n'est pas dans les Ecoles qu'elle se trouve. Il n'y a que l'autorité qui y regne, & ceux qui en sont les maîtres voudroient bien l'etendre encore plus loin, & ranger toute la nature sous son obeïssance. Mais le temps n'en est plus, & l'on se lasse d'avoir souffert si long temps une tyrannie si insupportable. Car aprez tout nous sommes dans un siecle où la Philosophie qui s'y

est renouvellée d'une maniere admirable,
se donne un peu plus d'essort & de liberté,
qu'elle n'en avoit au temps passé, lorsque la
barbarie scholastique la tenoit dans la ser-
vitude, & dans l'obscurité, & la faisoit ge-
mir sous la tyrannie d'un monde ignorant,
aveugle & cruel tout à la fois. Cependant
cette liberté dont elle s'est mise en posses-
sion est encore fort bornée, & n'a pas tout
le champ ni toute l'etenduë qu'elle merite
d'avoir. L'autorité fait encore mille efforts
pour la detruire, elle lui suscite sans cesse un
nombre infini d'ennemis qui la lui disputent
continuellement, & qui tachent de replon-
ger cette illustre afranchie dans son premier
esclavage. J'avouë que chacun a droit de
penser ce qu'il voudra, & de censurer même toutes les pensées d'autrui. Mais cela se
doit toûjours faire sans violence, & sans tyrannie sur les esprits. Lorsque l'on en vient
à cette extremité ce n'est plus raisonner, ni
philosopher, c'est faire le tyran, & le faire
sur des sujets qui ne soufrent rien si impa-
tiemment que la contrainte. Les hommes
peuvent bien par la force regner sur les
corps, mais ils ne sçauroient jamais regner
par elle sur les esprits. La gloire & le pouvoir de regner sur eux n'appartient qu'à la
raison même. C'est là son privilege & son
caractere. Et quand elle se decouvre à l'a-
me elle s'en rend la maîtresse malgré toutes
ses oppositions. Il n'en est pas de même de
la contrainte & de la violence que l'autorité des hommes veut exercer sur elle. Plus
elle fait d'efforts afin d'inspirer ses sentimens, & plus l'ame les rejette & les deteste.
Sou-

Souvent même la verité en soufre. Car cette antipatie naturelle que nous avons pour l'autorité, quand elle veut agir en maîtresse est souvent un obstacle à sa lumiere, & est cause que l'on s'endurcit dans l'erreur.

Mais si la liberté d'esprit est si necessaire en toutes choses, elle l'est bien plus dans la matiere que je traite ici. Et s'il n'y a point d'occasion où nous ne devions en faire usage, c'est en celle-ci que nous le devons faire plus que jamais, sans craindre si fort la critique d'une infinité de genies, dont les moins sensez sont toûjours ceux qui l'exercent le plus impitoyablement sur tout ce qu'ils entendent & n'entendent pas. Car enfin il ne s'agit pas de moins ici que de la defence de la premiere & de la plus grande de toutes les veritez, sçavoir de l'existence de Dieu, laquelle est le fondement de toute la religion, & de toute la societé des hommes. Or s'agissant d'une chose de cette consequence-là, il n'y a personne au monde qui n'ait droit d'en prendre la defence en main, & de repousser selon les lumieres qu'il a, & les meilleurs moyens qu'elles peuvent lui suggerer, afin d'en venir heureusement about, les attaques sacrileges des Impies & des Athées, qui osent insolémment nous la disputer. Si donc chacun doit être reçû à defendre cette cause, il est juste qu'on lui laisse une grande liberté de choisir ce qu'il jugera le plus propre, & le plus capable de servir à son dessein. Ce champ doit être vaste & libre, afin de s'y tourner de tous côtez, d'y prendre ses avantages, & parmi tant de sorte d'armes que l'on peut y trouver,

                es-

eſſayer celles dont l'on attaquera mieux ſon ennemi, & dont l'on ſe defendra mieux de ſes coups. Sans cette liberté l'on ne peut pas bien traiter cette matiere, ni ſe mettre aſſez à couvert des attaques & des inſultes de l'impieté. L'on peut même ſe trouver dans l'impoſſibilité de la refuter comme il faut. Car s'il n'y a qu'une hypotheſe à ſuivre, & ſur laquelle l'on doive defendre l'exiſtence d'un Dieu, il pourroit bien arriver qu'on ſuccomberoit en ce combat, vôtre hypotheſe eſtant fauſſe & inſoûtenable. Mais ſi au lieu d'une vous avez la liberté d'en ſuivre encore une autre, & toute contraire, il eſt preſque impoſſible que quelqu'une ne reüſſiſſe : & il eſt fort facile alors d'en juger par la comparaiſon mutuelle qu'on en peut faire. Seroit-il juſte que l'opiniâtreté de quelques-uns & leur attachement à un ſeul ſentiment fît triompher l'impieté, & que la cauſe de Dieu dependît ainſi du caprice de quelques eſprits entêtez de leurs maximes? Non aſſurement. Or quand j'examine les differentes hypotheſes ſur leſquelles l'on peut combattre l'atheïſme, & defendre l'exiſtence de Dieu, je n'en trouve que trois principales.

La premiere eſt celle de ceux qui croyent que le monde, & ſa matiere ont eſté tirez du neant par la puiſſance infinie du ſouverain Etre, du premier Etre, ſeul eternel & independent; & c'eſt là l'hypotheſe de la plûpart des Theologiens & Philoſophes Chreſtiens.

La ſeconde eſt celle de ceux qui poſent deux êtres, ou deux ſubſtances incréées, eternelles & independentes quant à leur ſimple

exiſ-

existence, quoique fort differemment, dont
la premiere est Dieu, l'Etre infiniment parfait, tout puissant, & le principe de toute
perfection ; & la seconde, la Matiere, l'être
essentiellement imparfait, sans force, sans
vie, sans connoissance, capable neanmoins
de toutes ces perfections par l'impression de
Dieu, & ses operations sur elle. Et c'est là
l'hypothese de tout ce qu'il y a jamais eu de
Philosophes & de Theologiens dans l'anti-
quité, & celle que je suivrai.

La troisiéme hypothese est celle qui n'eta- *III. hyp.*
blit ni la creation de la Matiere du monde,
ni son existence eternelle, & c'est celle de
tous ces Philosophes & Theologiens qui
tiennent que le monde & sa production
n'est autre chose qu'une emanation de la
substance divine, par laquelle il s'est fait
qu'une partie d'elle-même s'est formée en
monde. C'estoit là le sentiment des anciens
Gnostiques, celui des Priscillianistes, &
c'est celui de la plûpart des Cabbalistes, des
nouveaux Adamites ou illuminez, & d'une
infinité de Philosophes de l'Asie & des Indes.
Toutes ces hypotheses sont bien differentes,
& bien opposées, mais les unes plus & les autres moins. Il n'est pas difficile en jettant les
yeux dessus, d'en voir la force ou la foiblesse.
je commencerai par l'examen de la derniere

Il est evident à tout homme d'esprit, & qui
a de la penetration qu'elle est absolument
insoûtenable. Premierement elle se détruit
elle-même. Car par la Divinité nous entédós
l'Etre infiniment parfait. Or si nous estions
une emanation de la substance divine nous
serions aussi une substance infiniment parfaite,

faite , & il n'y auroit aucune imperfection
en nous, ni en tout ce que nous voyons. En
second lieu elle ruine invinciblement l'hypothese de l'immensité de Dieu. Car il ne
peut y avoir d'emanation hors d'un être immense & infini ; ce mot signifiant qu'une
chose estant en un tel lieu, & ayant de telles bornes, pousse comme hors de soi quelque partie de sa substance. Par consequent
la production du monde ne pourroit être
qu'une production ou une operation imma-
nante de la Divinité.

   De la troisiéme je passe à la premiere , &
je dis que quoi qu'elle soit aujourd'hui la
plus commune , & la plus universellement
reçûë , & même la plus conforme en apparence à l'idée que nous avons de la puissance
infinie de Dieu , elle n'est pas pour cela la
plus sure & la plus commode à mon jugement, que je soûmets cependant aux esprits
plus eclairez que le mien, pour repousser les
traits de l'Atheïsme. Je ne dirai pas qu'il y a
une distance infinie entre le neant & l'être,
car on peut repondre que la puissance de
Dieu estant infinie, il lui est facile d'atrein-
dre à cette distance, & d'en tirer ce qu'il lui
plaira. J'apporterai d'autres raisons dans
mon ouvrage qui me rendent cette creation
du neant peu probable & fort suspecte. Je
me contente de dire ici, que cette hypothese est une chose fort nouvelle au monde,
& qu'elle n'est née que quelques siecles
même aprez J. C. Car je remarque que Ter-
tullien est le premier qui l'a soûtenuë contre un autre Philosophe Chrétien, qui defen-
doit l'existence eternelle de la matiere. Elle
estoit

estoit inconnuë à tous les anciens Philosophes, de quelque secte qu'ils fussent, à ceux
même qui estoient les plus grands & les plus
zelez defenseurs de l'existence d'un Dieu,
comme Anaxagoras, Parmenides, Melissus,
Platon, tous les Stoïciens. Cette maxime
que *de rien il ne se fait rien* passoit universellement pour un axiome incontestable, pour
un principe commun, & avoué de tous, pour
une chose en un mot evidente de soi-même.

Non seulement tous les Philosophes de-
meuroient d'accord de cet axiome, mais
même j'ose bien dire que Moyse l'a reconnu.
Car il raconte de telle maniere la creation
du monde, qu'il fait assez entendre qu'il y
avoit une matiere informe qui préexistoit.
Ce qui fait dire à St. Paul aux Hebreux, *que
Dieu a tiré les choses visibles de celles qui ne l'é-
toient pas.* Le terme de *créer*, dont on appuye
cette hypothese, ne signifie rien de semblable en quelque langue que ce soit. Chez les
Grecs, les Hebreux, & les Latins il signifie
simplement *faire, produire, ordonner,* quelque
fois *engendrer.* Jamais les anciens n'y ont attaché cette idée du neant, que nous y atta-
chons aujourd'hui, & que nous n'y attache-
rions jamais si l'on ne nous l'avoit inspirée
auparavant. Il a falu prevenir nôtre esprit
de cette pensée-là avant toutes choses, aprez
quoi il lui a esté facile de l'attacher à ce terme. Puis cette idée y ayant esté une fois ainsi
attachée, l'on s'est servi de lui dans la suite,
pour la prouver & l'appuyer.

Lorsque j'entrepris de refuter Spinosa je
voulois le faire sur cette hypothese: & il faut
que je l'avouë ici, c'est que je l'ay tournée

en cent manieres, pour tâcher de me la bien
perſuader s'il eſtoit poſſible. Je l'ai examinée
fort longtemps avec une application extre-
me. J'en ai peſé les avantages & les defauts,
& je les ai cóparez enſemble pour voir ſi elle
étoit la plus raiſonnable. Mais aprés tout je
n'ai pû me ſatisfaire là deſſus. Ma raiſon n'a
pû s'y rendre, & j'y ai toûjours trouvé une
reſiſtance inſurmontable. Je n'ai pû voir en
un mot cóment ſuppoſé que Dieu fût le ſeul
être qui a exiſté de toute éternité, & que le
monde avant ſa creation ne fût qu'un pur
neant, l'on n'eſt pas forcé d'avouër que tout
eſt Dieu, & qu'il a tout tiré de ſa propre eſſence. Quelqu'effort d'eſprit que je faſſe encore à preſent, je n'en ſçaurois tirer d'autre
conſequence. Ce n'eſt point entêtement qui
me fait parler ainſi; car je puis dire ſincere-
ment que j'ai l'eſprit ſur ce ſujet tout à-fait
libre & ſans prejugez. D'ailleurs j'ai reconnu
par experience que c'eſt peine perduë que de
ſuppoſer cette creation de rien, en parlant à
des Athées qui s'en raillent quoiqu'on diſe
pour l'appuyer. Mais je les ai toûjours vû dás
des embaras effroyables, & reduit à un ſilen-
ce hóteux, quád dans la ſuppoſition de l'exiſtence d'une matiere éternelle, qu'on leur accorde, on reſout clairement toutes leurs ob-
jections impies contre l'exiſtence d'un Dieu
ſuperieur à la Matiere. Je ne prétens pas pour
cela que mon exemple faſſe loi aux autres.
Au contraire je ſouhaite que ceux qui tiennent cette creatió du neant me puiſſent có-
vaincre d'erreur. Je conſens donc qu'on có-
batte mon ſentiment, pourvû que ce ſoit par
des raiſons claires, ſans uſer de declamations,
& en repondant ſolidemment à mes difficultez.   L'IM-

L'IMPIE CONVAINCU,

ou

Dissertation contre Spinosa,

Dans laquelle l'on refute les Fondemens de son Atheisme.

L E but & le dessein de cét Impie est de montrer qu'il n'y a point d'autre Dieu que la Nature, que l'Univers, ou la Matiere, si vous voulez; que c'est elle seule qui est Substance, qu'elle existe seule de toute necessité, & que cette Substance unique est absolument infinie, c'est-à dire, doüée d'une infinité d'attributs infiniment parfaits, comme par exemple infinie en étenduë, infinie en pensée: sibien qu'il n'y a rien dans la Nature, non pas un grain de sable, un cheveu, un atome, qui ne soit non seulement quelque étenduë, mais aussi quelque pensée.

Afin de prouver ce sentiment il se

Systeme de Spinosa, & son but.

sert de deux moyens : Car comme il
sçavoit que parmi ceux qui tiennent
qu'il y a un Dieu réellement distingué de
la Matiere , les uns croyent que ce Dieu
l'a créé de rien , lui seul existant avant
qu'il la créât , & les autres supposent
que la Matiere existe de toute necessité
aussi bien que Dieu , & que sans recourir à la Creation l'on peut fort bien
défendre l'existence de l'Estre infiniment parfait : il attaque d'abord les
premiers , & tâche de faire voir que la
creation , ou production des Substances , ou de la substance absolument prise , est une chose impossible & qui implique contradiction. Et parce qu'il
n'auroit rien avancé s'il ne détruisoit
aussi l'opinion de ceux qui supposant
une Matiere éternelle , soûtiennent
neanmoins qu'il y a encore une autre
substance infiniment parfaite , & qui
peut disposer en souveraine maîtresse de
la Matiere , il tâche de prouver contr'eux qu'il ne faut admettre que l'existence d'une seule substance , & que
toute substance qui existe independemment & necessairement est absolument

lument infinie, & souverainement parfaite, que par consequent il n'y a point
d'autre Dieu à reconnoître qu'elle seule. Voyons les efforts que va faire ce
profane. J'ay dit que je laisserai à-part
l'hypothese de la creation de la Matiere,
& que j'employerai celle d'une Matiere
éternellement existente. Si dans cette
hypothese je resous clairement toutes
les difficultez de nôtre Athée , & si je
puis solidement deffendre l'Existence
d'un Dieu separé & distingué de la Nature, ou de la Matiere , que Spinosa
appelle toûjours du nom de *Dieu*, il
faudra avoüer qu'elle est preferable à
celle qui ne le peut pas faire , ou ne le
fait pas si bien.

J'ay dit que je ne voyois point d'hypothese plus difficile à attaquer que celle-là , qui suppose une Matiere éternelle, ni plus propre à refuter invinciblement l'impieté de Spinoza : car si l'on
y prend garde, tous ses plus grands efforts ne se tournent que contre la possibilité de la Creation. Sa seconde Proposition tend là : *Deux Substances*, dit-
il, *qui ont des Attributs essentiellement*

differens les uns des autres n'ont rien de commun entr'elles : or les choses qui n'ont rien de commun entr'elles ne peuvent jamais être causes l'une de l'autre, autrement elles pourroient être connuës mutuellement l'une par l'autre, comme l'on connoît la cause par l'effet, & l'effet par la cause, car l'une d'elles seroit cause, & l'autre l'effet : or il est certain que des choses qui n'ont rien de commun entr'elles, n'ont rien par conséquent par qui elles puissent être connuës l'une par l'autre. Je veux dire, que l'Idée de l'une ne renferme jamais l'Idée de l'autre. Cela étant il n'y a point de Creation : car Dieu & la Matiere n'ont rien de commun entr'eux ; Dieu ayant des Attributs essentiels, differens de ceux de la Matiere, Dieu étant incorporel, selon les Ecoles, & la Matiere étant le corps & l'étenduë même. Dieu donc n'a pû être la cause de la Matiere. Cela paroît avoir beaucoup de force. Mais quand Spinosa vient à prouver qu'il n'y a dans la Nature des choses qu'une seule Substance, c'est là où il échouë. Car soit, lui dit-on, que Dieu n'ait pas créé la Matiere, s'ens'ensuit-il pour cela qu'il n'existe point? est-ce que Dieu & la Matiere ne peuvent p..s exister tout à la fois? celui là comme l'être tres parfait, & celle-ci comme le plus imparfait; celui-là comme le Principe du mouvement, de la vie, de la pensée, & celle cy comme le sujet qui reçoit tout cela de la main de Dieu. Spinosa poursuit donc sa pointe ainsi: *Deux ou plusieurs Substances d'un* Prop. 4. *même attribut, d'une pareille nature, ne sçauroient exister tout à la fois.* Comment cela? *Parce que, dit-il, s'il y en avoit deux ou plusieurs, distinctes l'une de l'autre, il faudroit qu'elles le fussent ou par la diversité de leurs attributs essentiels, ou par la diversité de leurs modifications, ou de leurs qualitez modales: or si elles étoient seulement distinctes par la diversité de leurs attributs essentiels, ce seroit conceder qu'il n'y en pouroit avoir qu'une d'un seul attribut. Et si elles se distinguent seulement par la diversité de leurs modifications, ou proprietez modales: donc comme la substance est toûjours naturellement & originellement avant ses modifications, puisque du moins c'est ainsi que naturellement on la con-*

A 3

con-

conçoit, il s'enfuit donc qu'étant simplement & nüement considerée en elle-même, c'est-à-dire, sans raport à ses qualitez modales, & dans la juste & veritable Idée de Substance, dont l'essence est d'exister en soi, & ce qui se conçoit par soi-même, c'est-à-dire, dont l'Idée & le concept n'a pas besoin de l'Idée d'une autre, afin qu'on la puisse concevoir : elle ne sera point distinguée d'une autre substance, & par conséquent il n'y en aura qu'une seule qui existera. Il s'en faut beaucoup que tout ce raisonnement là approche du premier : car ce n'est qu'un pur sophisme, & même un sophisme fort grossier, ou s'il y a quelque subtilité, ce n'est qu'une subtilité Logique ou Metaphysique qui appartient au traité des precisions mentales, & de l'univocation ou bien de l'Analogie de l'être, & de la substance au regard de leurs inferieurs. *S'il y avoit, dit-il, deux Substances distinctes qui existassent dans la Nature, elles sont donc distinctes entr'elles, ou par la diversité de leurs attributs essentiels, ou par la seule diversité de leurs modifications ?* Mais pourquoi seront-elles seulement distinguées

par

par la diverfité de leurs attributs, ou de leurs modifications? ne peuvent-elles pas l'être fans cela? parce que quoi qu'elles foient de même nature, & de même attribut, elles font neanmoins feparées de lieu, l'une d'avec l'autre: & parce que même les modifications de l'une lui font fi effentielles & fi propres, que l'autre n'y peut rien pretendre? Spinofa a bien vû l'écueil où il fe brifoit, car fa Majeure devant être univerfelle, & conçûe ainfi : *s'il y avoit dans la Nature deux Subftances diftinctes l'une de l'autre, elles devroient feulement fe diftinguer ou par la diverfité d'attributs, ou par celle des modifications:* il n'a eu garde de parler ainfi, ni de propofer fa Majeure en ces termes; car il voyoit bien que c'étoit là juftement ce qu'il auroit dû prouver, & non fuppofer. Il l'a donc propofée d'une maniere ambiguë, en omettant le mot de *feulement,* qui fait toute la difficulté : Cela paroît par la Mineure, car il n'y dit pas comme il avoit fait en la Majeure, *Si ces deux Subftances font diftinguées l'une de l'autre par la diverfité d'attributs;* mais il y

A 4

ajoûte

ajoûte le mot de *seulement*, qui devoit
être mis aussi dans la Majeure ; *Si*, dit-
il, *deux Substances distinctes l'une de l'autre le sont seulement par la diversité de leurs
attributs ; donc l'on concede qu'il n'en sçauroit exister qu'une seule de même attribut,
& jamais deux, trois, quatre, &c.* Mais
qui t'a accordé, impie, qu'il n'y a que
la seule diversité d'attributs qui puisse
distinguer les Substances ? c'est là ce que
tu devrois invinciblement prouver, au
lieu de faire le Sophiste, en faisant semblant neanmoins de nous apporter des
demonstrations de Geometre. Il dit
bien qu'il n'y a rien hors de l'esprit que
les Substances, & leurs qualitez, par
qui les choses se peuvent réellement distinguer. Je le veux. Aussi Dieu qui est
une Substance, & la Matiere informe
qui en est une autre, se distinguent par
leurs propres Substances, l'une étant
dans un lieu, & l'autre dans un autre.

Il y a plus, c'est que cét Athée ne
sçauroit jamais prouver que la seule diversité des modifications ne puisse legitimement faire une diversité & une distinction de Substances, pourvû que ces
Sub-

Subftances foient feparées , ou du moins feparables les unes d'avec les au-tres. Car ce qu'il dit *que les modifications étant aprés la Subftance , & la Subftance avant elles dans l'ordre de la nature ; que donc en n'envifageant point cette diverfité de modifications , qui diftinguent les Sub-ftances, on n'envifage par confequent qu'u-ne feule & même Subftance*; n'eft qu'une fubtilité de Logicien , par laquelle on conçoit l'être & la Subftance même comme quelque chofe de commun à Dieu & à la Creature, dans l'Idée ab-ftraite & la notion precife de l'être & de la Subftance que l'efprit s'en forme, ce qui ne fait rien à la chofe même, & n'emporte jamais que ces deux êtres ne foyent pas effentiellement differens & diftincts les uns des autres , par leurs autres attributs, & leurs qualitez pro-pres : tout de même que je conçoi fort bien par une Idée abftraite la raifon comme un attribut general, que j'ap-perçoi également en Pierre & Jaques , & que j'apperçoi comme la premiere & la bafe de toutes les autres qualitez perfonnelles qui les rendent differens

A 5

l'un

l'un d'avec l'autre : fans que pour cela ma notion & mon Idée confondent réellement Pierre avec Jaques, ou que de-là j'en puifle inferer qu'ils ne font qu'un feul homme. Si je puis donc feparer par l'efprit toutes les proprietez perfonnelles de Jaques & de Pierre, qui les diftinguent entr'eux, & les concevoir tous deux comme égaux en cette premiere & fondamentale qualité, qui eft la raifon, fans que cette feparation mentale, & cette uniformité d'Idée, où je voy Pierre & Jaques, les fafle devenir un feul & même homme : Je puis par confequent aufli confiderer Dieu & la Matiere dans cette Idée abftraite & precife de Subftance, c'eft-à-dire dans l'Idée d'une chofe qui exifte en foi & de foi, fans que pour cela ces deux chofes ceffent d'être ce qu'elles font, c'eft-à-dire, deux Subftances veritables, & réellement diftinctes l'une de l'autre.

Enfin nous pouvons dire hardiment à cét Impie, que Dieu a des attributs effentiels differens de ceux de la Matiere, quoi qu'il y ait en l'un & en l'autre un femblable attribut, fçavoir l'étenduë.

duë. Car pour la Penſée, je ſoûtiens qu'elle n'eſt qu'un pur accident à la Matiere; mais à l'égard de Dieu c'eſt un attribut eſſentiel à ſa Subſtance, & ſans lequel elle ne peut être, ni ſe concevoir. Je dis encore que comme Dieu eſt l'Eſtre ſouverainement parfait, l'Eſtre infiniment parfait, il y a ſans doute une infinité d'attributs parfaits & eſſentiels à ſa Subſtance qui nous ſont inconnus : Car aprés tout nous ne connoiſſons que tres-imparfaitement ce ſouverain Eſtre, nous ne nous connoiſſons pas bien nous même, comment donc connoîtrions nous parfaitement celui qui nous a formé, & en comparaiſon duquel nous ne ſommes que poudre & cendre ? Pourquoi ce miſerable ne s'eſt il jamais mis en peine de prouver que Dieu ne poſſedoit pas d'autres attributs que la Matiere; car il n'ignoroit pas que ſes Adverſaires lui en attribuent une infinité d'autres differens de ceux de la Matiere ?

Voici un autre effort de Spinoſa, *Toute Subſtance*, dit-il, *eſt neceſſairement infinie.* Pourquoi cela ? *parce qu'il*

Prop. 2.

n'en

n'en peut exister qu'une seule d'un même attribut suivant la preuve precedente. Mais cette preuve est nulle, elle est détruite. *Hébien, dit-il, on ne peut nier qu'il n'y ait une Substance. Or cette Substance est finie ou infinie.* Tout doucement, car il y a deux sortes d'infinis. Mon esprit conçoit un infini en étenduë, & un infini en qualités, & en perfections : dequel infini parle-tu ? *Je parle,* dira quelqu'un pour lui, *de l'infini en étendue.* Soit, je dis que cette Substance qui existe est finie en étenduë, ou d'une étenduë finie. Comment, dit-il, cela peut-il être ? *car ce qui est fini doit être borné par quelqu'autre chose de même genre, & fini aussi bien que lui.* Je le veux encore, il s'ensuit de-là seulement, que l'étenduë de la Matiere est bornée par celle de Dieu, & l'étenduë de Dieu par celle de la Matiere : mais avec cette difference, que celle de Dieu peut agir en des manieres infinies sur l'étenduë de la Matiere, l'éloigner, la diviser, la dissiper comme il lui plaira. Je remarque encore ici un Sophisme,& de la mauvaise foi chez

nôtre

nôtre beau Geometre. Dans fes definitions, en donnant celle du fini, il avoit dit, *Une chofe eft dite finie en fon genre lorfqu'elle fe peut terminer par une autre de même nature:* ainfi un Corps eft dit fini en etenduë, parce que l'on en peut toujours concevoir un plus grand. Il fuffit donc qu'on puiffe concevoir quelq'autre nature qui borne celle qu'on dit finie, quand même elle ne feroit pas effectivement & actuellement bornée par une autre. Mais ici il change de langage, il ne dit plus qu'une chofe eft dite finie laquelle fe peut terminer ou borner par une autre, mais *laquelle fe doit borner par une autre;* comme s'il étoit abfolument neceffaire qu'il en exiftât une autre pour la borner actuellement: & que ce ne fût pas affez que l'efprit en pût concevoir une autre capable de la borner actuellement, fi elle venoit à exifter. Que ne s'en tenoit-il à fa premiere definition? *Une chofe eft dite finie en fon genre, laquelle peut être bornée par une autre de même nature.* C'eft donc affez qu'elle foit bornée en elle-même, & qu'elle le puiffe être en-

core

core par une autre, si elle existoit, que
ne s'en tenoit-il à sa premiere notion ou
idée du *fini*, quand il le definissoit par
rapport à l'esprit. *Un corps est dit fini,*
parce que l'esprit en peut toûjours concevoir
un plus grand. C'est donc encore assez
que l'esprit puisse concevoir une autre
étenduë, comme bornant celle qu'on
dit *finie*, pour pouvoir dire qu'elle est
finie, bien que cette autre étenduë
n'existe pas actuellement.

Sch. 1.   Mais, dit-il, *être infini, ou dire qu'u-*
ne chose est infinie, c'est une affirmation
absoluë de son existence: au lieu que de la
dire finie, c'est une negation en partie, qui
n'est que dans l'esprit; par consequent la
seule definition de la substance (substance
Prop. 7. est une chose dont l'essence renferme
l'existence comme necessaire) *doit nous*
la faire considerer comme infinie. Quel
langage est cela ? *être fini c'est une nega-*
tion en partie; être infini c'est une affirma-
tion absoluë de l'existence d'une chose. En
verite si les Athées & les Impies ne rai-
sonnent jamais mieux que cela, & s'ils
ne tiennent un autre langage, ils se
rendront furieusement ridicules, &
l'on

l'on aura bien raifon de les traiter de
foux & d'extravagans, qui ne fçavent
pas même parler. Car enfin ce que dit
ici l'infame Spinofa eft un pur galimathias : l'on ne fçait ce qu'il veut dire
par les *negations en partie, & fes affir-
mations abfolues*. Ne penfez pas que fes
fcholies & fes commentaires expli-
quent ces grands mots, ces mots myf-
terieux, ces mots qui transforment
toute la nature en un être infini, &
Spinofa par confequent, entant qu'il
eft partie de cette nature? tâchons
neanmoins à deviner ce qu'il a voulu
dire. Peut-être pretend-il que la feule
conception ou idée de l'exiftence d'u-
ne chofe, quelle quelle foit, ou fe puiffe
concevoir, emporte fon infinité. Si
c'eft là ce qu'il a voulu dire, il a dit la
plus grande de toutes les impertinen-
ces. Car au contraire la fimple notion
de l'exiftence d'une chofe ne la fait à
parler proprement ni *finie*, ni *infinie*.
Elle ne fe conçoit telle que par le raport que l'efprit en fait avec d'autres,
s'il en trouve à qui la comparer. Si Spinofa répond, qu'il n'entend parler
que

que de l'exiſtence de la *Subſtance*, c'eſt
une autre impertinence qu'il a avan-
cée. Car il n'y a rien de plus faux, &
c'étoit là ce qu'il falloit demontrer, &
non ſuppoſer. Admirez, je vous prie,
la grande ſubtilité de ce Juif Apoſtat.
Il veut demontrer, (car tout ſe demontre chez cét habile Geometre, ou plûtôt tout ſe démonte chez lui à bien parler) il veut demontrer, dis-je, que toute ſubſtance eſt infinie. Et comment le
fait-il? *Parce que*, dit-il, *affirmer ſimplement & abſolument qu'une ſubſtance
exiſte, c'eſt affirmer qu'elle eſt infinie.*
Que dites-vous d'une preuve ſi mer-
veilleuſe? Toute ſubſtance eſt infinie,
parce que dire qu'elle exiſte, c'eſt dire
qu'elle eſt infinie. Elle eſt infinie, parce qu'elle eſt infinie.

Il faut pourtant avouër qu'il y a
quelque raiſon cachée ici, mais c'eſt
en un autre ſens que celui de Spinoſa.
Car en effet quand l'eſprit conçoit ſimplement une ſubſtance, ou ſon exiſtence, il ne lui donne point de bornes, &
à cét égard elle n'eſt point finie, mais
il ne lui donne point auſſi d'étenduë infinie.

finie. Ce n'eft qu'une Idée abftraite d'un être qui exifte en foi même..

Mais enfin accordons à ce miferable que *d'affirmer abfolument l'exiftence d'u-ne fubftance, c'eft affirmer qu'elle eft infi-nie*, s'enfuit-il pour cela qu'elle le foit en elle même, & dans la verité? mon efprit ne peut-il pas former de telles idées & de telles notions, par des ab-ftractions & des precifions mentales, qui ne font rien à la verité des chofes, & qui ne les changent jamais? Enfin pourquoi veut-il que je fois obligé de concevoir toute fubftance & fon exif-tence de cette maniere *abfoluë* qui felon lui emporte l'infinité, afin de la con-cevoir juftement & conformement à ce qu'elle eft? car fi elle n'eft pas infi-nie, nous parlons toûjours *d'étenduë*, el-le ne doit être conçûe que comme fi-nie, pour être bien conçûe. Car felon Spinofa *l'Idée d'une chofe n'eft veritable & jufte que lorfqu'elle eft conforme à fon ob-ject:* & fi elle eft infinie, il faut que l'ef-prit qui la conçoit comme telle, mar-que fes raifons qui l'obligent à ne la concevoir que comme infinie, il faut

B

de

de toute neceſlité qu'il y ait des raiſons invincibles de cela, & que l'eſprit les découvre, ſans cela j'aimerois autant que Spinoſa me dît, que ſon eſprit ne peut concevoir la ſubſtance que comme infinie, parce que ſon eſprit ne veut pas la concevoir autrement; mais le mien qui n'eſt pas fait comme celui de Spinoſa, dira de ſon côté qu'il ne la veut ni peut concevoir ainſi, parce que tel eſt ſon plaiſir.

Je ne quitte pas encore cét impertinent raiſonnement de Spinoſa, car je veux faire remarquer à mon Lecteur, que ſi ſon raiſonnement étoit bon & juſte, & s'il étoit vrai generalement parlant que d'affirmer ſimplement & abſolument l'exiſtence d'une choſe, c'eſt affirmer qu'elle eſt infinie; il faudroit donc dire par la raiſon des contraires, que l'eſprit ne pouroⁱt concevoir une ſubſtance finie òu bornée, que par cela même il n'en niât ſimplement & *abſolument* l'exiſtence, c'eſt-à-dire toute ſon exiſtence: ce qui eſt evidemment faux, & la derniere de toutes les abſurdités. Cela même implique contradiction:

diction: car de cela ſeul que je conçoi quelque choſe comme bornée, je poſe neceſſairement ſon exiſtence. Deplus ſi concevoir ſimplement l'exiſtence d'une choſe c'eſt la concevoir infinie, il faut donc dire encore que de conçe-voir par l'eſprit une choſe comme infi-nie, c'eſt en concevoir purement & ſimplement l'exiſtence: auſſi eſt-ce ce que dit Spinoſa, car enfin ces deux propoſitions doivent être recipro-ques, *concevoir ſimplement l'exiſtence d'une choſe, c'eſt la concevoir infinie; & concevoir une choſe infinie, c'eſt con-cevoir ſimplement ſon exiſtence.* Voilà encore une autre fauſſeté évidente & palpable, car l'eſprit en concevant une ſubſtance comme infinie, ne con-çoit pas ſimplement qu'elle exiſte, mais qu'elle exiſte telle, ſçavoir, infinie.

Que ſi enfin Spinoſa a voulu dire que nôtre eſprit ne ſçauroit concevoir ſim-plement & abſolument l'exiſtence d'u-ne ſubſtance étenduë, (car c'eſt d'elle que parle Spinoſa, & dont il doit par-ler, ſans lui attribuer l'infinité; & tout au contraire, qu'il n'en peut concevoir l'infinité fans en pofer & concevoir l'exiftence pure, fimple & abfoluë) c'eft juftement apporter pour preuve de ce qui eft en queftion la queftion même. C'eft fuppofer gratis ce dont on difpute, & le fuppofer honteufe-ment pour un Geometre, qui fe vante de n'apporter que des demonftrations de tout ce qu'il avance : ou bien enfin c'eft nous donner pour des demonftra-tions de Geometrie, une miferable fub-tilité de Logique & de Metaphyfique, & je ne fçai quelle Idée abftraite d'ef-prit, & d'un efprit ou Spinofifte, ou ce qui revient à un, Cartefien ; cette forte d'efprit concevant l'efpace & le vuide comme une veritable & folide étenduë, comme une fubftance réelle & pofitive. Car j'avouë que pour le mien il ne fçauroit former ces ridicules Idées, & qu'il lui faut quelque chofe de réel & de folide ; je laiffe volontiers aux autres leurs chimeres, & leurs infi-nis imaginaires.

J'ajoûte à ces reflections que fi Spi-nofa avoit raifon de dire que de ce que l'efprit conçoit une chofe finie, il en nie

pure-

purement & fimplement l'exiftence, &
tout au contraire, que c'eft purement
& fimplement concevoir qu'elle exifte,
que de la concevoir infinie, cette belle
maxime, d'Athée feroit d'une fimple
pierre, d'un feul homme, ou d'un
feul cheval un Dieu infiniment parfait.
Car pourquoi n'étendre cette maxime
qu'à la fubftance étenduë? & pourquoi ne la pas étendre à toutes les autres qualités & modifications? Ne puis-
je pas dire en parlant du mouvement,
& de la penfée, qui certes peuvent
avoir, & ont effectivement des bornes
en mille & mille fujets differens, que
de ce que je conçois le mouvement
comme fini, c'eft nier fon exiftence
toute entiere: & tout au contraire, ne
puis je pas dire que de cela feul que je
conçoi l'exiftence du mouvement,
c'eft le concevoir comme infini? Ne
puis-je pas dire enfin que de concevoir
le mouvement comme infini, c'eft
concevoir fimplement & abfolument
qu'il exifte? Cependant ce font là trois
grandes extravagances, & qui peuvent
faire un Dieu d'un arbre, & d'un chien

si vous voulez; car je puis appliquer à
la penſée tout ce que je viens de dire du
mouvement.   Par conſequent je ne
pourrai jamais concevoir aucun ſujet,
ni *mobile*, ni *penſant* que je ne lui attribuë un mouvement infini, & une penſée infinie; en un mot, que je n'en faſſe un Dieu, mais un Dieu auſſi mal bâti, & auſſi chimerique que celui de Spinoſa.

Cét Impie tâche ici de ſe prendre à
quelque branche pour le ſoûtenir; mais
vous allez voir qu'elle ſe rompra dans ſa
main, & le fera tomber. Il dit qu'il
Prop. 8. faut remarquer *que nulle definition de*
Sch. 2. *quelque choſe que ce ſoit, ne renferme ja-*
mais un nombre certain & dèterminè d'in-
dividus. Pourquoi? parce qu'elle marque
ſimplement la nature de la choſe definie :
qu'ainſi la definition du Triangle n'expri-
me autre choſe que la nature ſimple du
Triangle, & non pas un certain nombre
de Triangles. Qu'il faut encore remar-
quer, que de quelque choſe que ce ſoit qui
exiſte, il y a toûjours une cauſe certaine &
dèterminée qui la fait exiſter; & qu'enfin
cette cauſe, qui fait que quelque choſe exiſ-
te,

te, doit être renfermée dans sa nature même, ou essence, ou definition, ou bien hors d'elle. Cela supposé, il s'ensuit que si un certain nombre d'individus existe dans la nature, il faut necessairement qu'il y ait une cause qui fasse exister ce nombre determiné d'individus, & pas davantage : par exemple, s'il n'y avoit que vingt hommes qui fussent au monde, ce ne seroit pas assez pour rendre raison pourquoi ce nombre prefix existe, de montrer en general la cause de l'existence de la nature humaine ; il faudroit encore montrer pourquoi il n'en existe que vingt & pas davantage, parce que selon ma troisième remarque il faut de toute necessité qu'il y ait une cause de tout ce qui existe, quel qu'il soit : or cette cause ne peut pas être renfermée dans l'essence ou la nature même du genre humain, puisque la definition de l'homme ne renferme nullement le nombre de vingt plûtôt qu'aucun autre. Il faut donc que la raison pourquoi ce nombre seul de vingt existe, & consequemment pourquoi chacun d'eux existe en particulier, soit necessairement hors de chacun d'eux, par consequent je conclus absolument que toute nature de laquelle

B 4

plu-

plusieurs individus existent, doit avoir une cause exterieure qui les fasse exister: or comme l'existence est ce qui fait l'essence de la substance, sa seule definition emporte necessairement son existence, par consequent son existence se doit conclure simplement de sa seule definition: or l'on ne peut pas selon la deuxième & troisième remarque deduire de sa definition l'existence de plusieurs substances. Il n'y en a donc qu'une seule qu'on en puisse legitimement inferer. Tout ce grand raisonnement ne prouve rien de ce que doit prouver Spinosa, sçavoir, qu'il n'y a qu'une seule substance au monde. Comment cela? parce que si selon ses axiomes la seule definition des choses ne fait que marquer simplement leur nature, & jamais leur nombre quel qu'il soit, elle n'en peut donc pas marquer plûtôt une que deux ou quatre distinctes l'une de l'autre. Par consequent cette definition de la substance (*la substance est une chose qui existe necessairement*) n'en posera pas plûtôt une seule que deux ou trois; & si cette definition n'en renferme ni deux ni trois, il est vrai aussi qu'elle ne les exclud pas non plus. Quant

Quant à ſa ſeconde Remarque, que ſi quelque choſe exiſte, il en faut chercher la cauſe ou la raiſon dans elle-même, ou hors d'elle-même, qu'ainſi ſuppoſe qu'il n'y ait que 20 hommes qui exiſtent, il ne faut pas ſeulement rendre raiſon pourquoi il y a des hommes, mais pourquoi il n'y en a que 20. ni plus, ni moins, &c. Je dis qu'il a raiſon, & que cette remarque eſt veritable. Auſſi je trouve la raiſon de l'exiſtence de Dieu, & celle de l'exiſtence de la Matiere, en l'un & l'autre, car ils ſont tous deux des ſubſtances: or qui dit ſubſtance, dit une choſe qui exiſte neceſſairement, & par ſon eſſence. Pour ce qui eſt des Exemples de Spiroſa, ils ſont impertinens; car ſelon lui vingt, trente, mille hommes ſi vous voulez ne ſont pas des ſubſtances diſtinctes l'une de l'autre. Ils ne ſont que des modifications de la ſeule ſubſtance du monde, ou de la matiere: or la matiere ſelon ceux qui reconnoiſſent un premier moteur, une premiere & ſuprême intelligence, qui peut la diſpoſer comme il lui plaît, ne ſe peut modi-

 fier

qu'il n'y en a qu'une, ou que l'on n'en
doit inferer que l'existence d'une seule.
il devoit dire tout au contraire, que
puisque l'esprit conçoit clairement &
évidemment qu'il faut admettre deux
substances differentes, & separées même l'une de l'autre, sçavoir celle de
Dieu comme la Substance souverainement & infiniment parfaite, & celle
de la Matiere comme souverainement
imparfaite ; celle de Dieu comme la
source de toutes les perfections, & celle de la Matiere comme le sujet sur lequel Dieu agit, sur lequel il fait éclatter ses perfections, & sans lequel il est
impossible qu'il agisse hors de soi-même, puisque le rien ou le neant n'est
pas capable de servir de sujet veritable
à aucune action ou operation divine ;
nous sommes par consequent forcés à
reconnoître l'existence de ces deux substances, & à dire que si la simple definition de substance ne renferme nullement la pluralité des substances, & leur
existence, elle ne l'exclud pas non plus.
Ce qui est justement tout le contraire
de ce que nôtre Athée a pretendu de
mon-

montrer. Tant il eft vrai que ce Geometre eft habile à fournir à fes adverfai-
res dequoi battre en ruine fes folles &
extravagantes demonftrations. Je defie ici tout ce qu'il y a d'Athées, de
Spinofiftes, de Cartefiens, de Nulli-
biftes, & de Mallebranchiftes, de repliquer jamais rien de folide à ces ré-
ponfes.

Le troifiéme effort de cét Impie
pour prouver qu'il n'y a dans la nature
des chofes qu'une feule fubftance, eft
fondé fur la definition qu'il donne de
Dieu. *Dieu,* dit-il, *eft un Eftre abfolument infini; c'eft-à-dire, infini en tout*   *Defin.6.*
*genre: ou bien, c'eft une Subftance infi-
nie, douée d'attributs infinis, dont chacun exprime une Effence éternelle & infinie.* Quand il dit que *Dieu eft un Eftre
abfolument infini, & non pas infini feulement en fon genre,* c'eft parce qu'il a vû
que s'il n'étoit infini qu'en fon genre,
on pourroit dire qu'il n'auroit pas des
attributs infinis. Mais *étant abfolument
infini, tout ce qui eft, tout ce qui exifte, tout
ce qui eft quelque chofe, & ne renferme
aucune negation d'être, ou de qualité,*

appartient à sa nature. Ne diriez-vous
pas, que voila un grand défenseur de
la Divinité? Cependant cette definition de Dieu est l'impieté même, & la
base de tout son systéme, qui par conséquent tombant en ruine entraîne
avec soi tout le reste. Car si Dieu
étoit absolument infini, infini en tout
sens, en toute maniere, en tout genre; & si tout ce qui est, & tout ce qui
ne renferme aucune negation d'être,
de mode, de qualité, appartient à sa
nature; toute la Nature seroit Dieu, le
ciel, la terre, l'enfer, les anges, les
demons, les brutes, en un mot, tout
ce qui est quel qu'il soit. Accordez
donc cette definition de Dieu à Spinosa, & vous lui accordez tout; mais
niez la lui, & vous le reduisez au silen-
ce, & à une impossibilité éternelle d'a-
vancer un seul pas en cette matiere.
De plus, sa definition est conçûe en termes équivoques: car l'on ne sçait pas
si lorsqu'il dit que Dieu est un Estre
doué d'attributs *infinis*, par ce mot
d'*infinis* il entend un nombre infini d'attributs, ou seulement des attributs dont
l'es-

l'essence ou la nature soit infinie. Il doit assurément l'entendre en l'un & l'autre sens. Car si le Dieu de Spinosa manquoit d'un seul attribut il ne seroit pas *absolument infini*, mais seulement *infini en son genre.* Cela étant ainsi éclairci, il faut que le Dieu de Spinosa soit une substance douée d'une infinité d'attributs, d'un nombre infini d'attributs, dont chacun sera infini en son genre. Mais helas! vous allez être bien trompé; & le Dieu de Spinosa va faire une terrible cheute. Car de ce nombre infini d'attributs qu'il lui donnoit dans sa definition & sa proposition, il n'en aura que deux malheureusement pour lui. Toute cette infinité se reduit presque à rien. Car deux attributs comparés avec un nombre infini, sont presque un neant. Comment direz-vous? parce que le Dieu de Spinosa n'a pour tout partage que ces deux attributs *la pensée & l'ètenduë.* Spinosa n'en trouve pas davantage en soi. Il est une partie du Dieu qu'il a forgé; il n'y en a donc pas davantage ni d'autres en lui. Car s'il y en avoit davantage ou d'autres, ils se trou-

trouveroient tous à proportion dans toutes les parties de ce Dieu. Spinoſa même ſans conſiderer ce qu'il faiſoit, a prouvé par un juſte jugement de Dieu dans ſa lettre 76, *que l'on ne peut trouver & qu'il ne trouve que ces deux attributs dans ſon Dieu.* C'eſt en vain qu'on me repliquera que les autres attributs infinis en nombre & en qualité qui ſont en cét Eſtre *abſolument infini,* & en nous par conſequent, nous ſont cachés. Car cette réponce eſt une extravagance. Seroit-il poſſible que nous mêmes ayant tous ces attributs infinis, & les ayant auſſi eſſentiellement & auſſi intimement que les deux que nous apercevons ſçavoir la penſée & l'étenduë, ceux-ci nous ſeroient ſi connus, & les autres ſi cachez? Eſt-ce que ceux-ci appartiennent plus à nôtre eſſence que ceux-là? nullement. Mais encore quel prodige ne ſeroit-ce pas, que nôtre ſubſtance ayant des attributs infinis en nombre, également infinis & eſſentiels, de ce nombre infini nous n'en pourions découvrir que deux?

Credat Judæus Apella,
Non ego.   Si

Si nôtre nature étoit douée de tous ces attributs infinis, elle les connoîtroit également tous, tous étant égaux en̄tr'eux, ne compofant tous également qu'une feule & même fubftance, nôtre ame & nôtre penfée en formeroit des idées claires & diftinctes tout de même qu'elle en forme de ce qu'elle eft elle-même, de fes diverfes modifications, comme elle en forme de l'étenduë, & de toutes les modifications qui la varient. Il eft vrai que fi nôtre fubftance avoit un nombre infini d'attributs, nous ne les pourions jamais tous nommer, car autrement ils ne feroient plus infinis en nombre; mais nous pourions à tout moment pendant toute l'éternité en nommer & marquer quelqu'un, l'un aprés l'autre. Deplus s'il y avoit un nombre infini d'attributs tous infinis en nôtre fub̄ftance, il n'y en auroit aucun qui n'eût quelque modification finguliere & déterminée: & comme ce font les modifications qui nous découvrent nos attributs, & qui en font les fuites naturelles, par exemple, c'eft une telle penfée qui me découvre & me convainc que je

C
fuis

suis un être penfant, par conféquent nous verrions en nous tout à la fois une infinité de modifications & de déter-minations toutes differentes, la moin-dre partie de nous, le moindre atome en auroit autant: Il eft encore vrai que je ne puis pas voir ni découvrir tout d'un coup toutes les modifications qui peuvent être en moi. Je l'avoüe, car elles font infinies en nombre, & ne naiffent en moi que par ordre & par fuc-ceffion. Mais je fuis toûjours certain que j'en ai quelques-unes à tout moment, & je fuis encore certain que j'en aurai toû-jours de differentes à l'infini, les unes aprés les autres. Mais pour les attributs effentiels, il n'en eft pas de même, on les fent, & on les connoît évidemment en foi continuellement par quelqu'une de leurs affections ou modifications, dont il y en a toûjours quelqu'une de prefentes en nous. Par conféquent fi nôtre nature ou effence avoit cette infi-nité d'attributs, elle nous feroit claire-ment & diftinctement connüe, pour le moins nous en connoîtrions en nous des mille millions, n'y ayant aucune rai-

fon

son qui nous en empêchât, & nous rendît ceux-ci plus connus, & ceux-là moins. Il faut donc que cét Impie reconnoisse malgré qu'il en ait que sa definition est fausse & absurde, & qu'il faut par consequent definir Dieu d'une autre maniere, & laquelle cét Athée a bien vûe, & qu'il a marquée lui-même dans la demonstration de sa proposition onziéme, *Nous ne pouvons jamais,* dit-il, *être plus certains de l'existence d'aucune chose que de celle de l'Estre absolument infini, c'est à dire absolument parfait, ou bien de Dieu: parce que son essence renferme necessairement toute sorte de perfections, & exclud toute sorte d'imperfections, par consequent elle doit exister necessairement.* Voici donc quelle est la veritable definition de Dieu: *C'est un Estre infini en son genre, doué de toutes les perfections que l'esprit est capable de concevoir au de-là même de ce qu'il peut concevoir: en un mot c'est l'Estre tres-parfait, & souverainement parfait, par consequent il existe necessairement & absolument.* Voyez-vous comme j'ay refuté en peu de mots l'Atheïsme de Spinosa, & que

je l'ay fait sur l'hypotese de l'existence
éternelle de la Matiere ; hypotese qui
me paroît inébranlable, & à l'épreuve
de toutes les machines des Athées : au
lieu que l'autre engage insensiblement
au Spinosisme. Car enfin s'il n'y a que
la Substance divine qui existe necessairement, & par elle-même, il n'y a
donc qu'elle seule qui existe, & il n'y a
qu'elle qui est une veritable substance.
Tout ce que nous appellons univers, ses
qualités, ses modes n'existent point à
parler proprement, ou bien n'existent
que par l'existence de Dieu, ce qui fait
qu'on ne les peut prendre pour de véri-
tables substances, mais seulement pour
des *modifications* de la nature toute puissante de Dieu, qui s'est divertie à faire tout ce que nous voyons de lui-même en lui-même.

Outre cela si la Matiere n'existe pas
necessairement, & si elle a été produite, assûrement avant sa production
Dieu seul étoit *l'Estre universel*, *l'Estre
infini*, *l'Estre abstrait*, c'est ainsi que
parle le Pere Malbranche : Est-ce donc
que Dieu a changé d'essence & de
na-

nature, depuis qu'il l'a créé? nullement. Il eft donc encore ce même être
univerfel & abfolument infini; & par
confequent il n'y a que lui feul qui exifte; car l'infini renferme tout ce qui eft,
tout ce qui peut être, &c.

En troifiéme lieu fi la Matiere qui eft
corps & une étenduë folide & pofitive,
n'exifte pas par elle-même, & n'a pas
toûjours exifté, qui l'a pû produire?
car Dieu n'eft ni corps, ni étenduë felon l'école, c'eft un infini en atome.
Sa toute puiffance & fa force infinie ont
pû la produire. Fort bien. Mais Dieu
n'ayant rien de tel en foi, ni rien hors
de foi qui ait pû lui avoir donné l'Idée
de cette étenduë, d'où l'a-t'il prife, où
l'a-t'il trouvée, & comment l'a-t'il pû
produire? Il poffede, dit-on, cette
étenduë *d'une maniere éminente*, quoique non *formellement*. C'eft-à-dire qu'il
a tout ce que cette étenduë peut marquer de perfection en qualité d'étenduë, quoique effectivement il n'en ait
pas la forme même. Mais ce font là des
termes qui ne fignifient rien, ou s'ils fignifient quelque chofe, ils fignifient que

Dieu est veritablement étendu, mais dans un souverain degré, dans un degré eminent, & d'une maniere incomparablement plus parfaite que la Matiere même. Ainsi le soleil est la lumiere par excellence, & éminemment. Et puis quelle autre perfection peut-on trouver, peut-on imaginer dans l'étenduë entant qu'étenduë, que l'étenduë même? il n'y en a point d'autre, & l'esprit n'y en sçauroit découvrir d'autre. Par consequent si Dieu possede éminemment ce qu'il y a de perfection dans l'étenduë comme étenduë, il possede l'étenduë même, & c'est une sottise que de dire qu'il en possede la perfection sans en posseder la forme & la nature même.

Que sert-il même de dire, que Dieu soit étendüe, ou une substance étendüe? Il ne peut pas pour cela créer une autre étendüe. Car ou bien il la tirera du neant, & cela est impossible & implique contradiction, comme je l'ay fait voir, & comme la chose parle de soi-même. Car il y a plus de distance entre l'être & le neant, qu'il n'y en a entre

entre l'être & l'être. Or il y a des êtres
dont on ne fçauroit jamais tirer aucun
être, quelque force infinie qu'on faſſe
intervenir; de deux fois trois on ne fera
jamais ſept, ni de deux fois quatre
neuf, &c. Le neant n'eſt-il pas plus
oppoſé à l'être que ces choſes entr'elles? du moins ne l'eſt-il pas autant?
Comment donc en tirer quelque choſe? ſi Dieu ne la peut tirer du neant, il
la tirera donc de ſoi-même? mais s'il
eſt incorporel, comment tirera-t'il de
ſoi des corps? & s'il eſt corporel, comment en core les en tirera-t'il? allonge-
ra-t'il une partie de ſoi-même, afin de
la former en monde, en univers? Mais
tout cela va droit au Spinoſiſme; puiſque la ſubſtance de l'univers & celle de
Dieu ne ſeront qu'une ſeule & même
ſubſtance.

Outre cela ceux qui tiennent que
Dieu a créé la Matiere ou l'étenduë
corporelle du neant, mais ſur l'idée
que la ſienne qui eſt immaterielle & incorporelle lui en dònnoit, voyant bien
que deux étenduës ne peuvent bien
ſubſiſter en un même lieu, ils ont dit

pour obvier à cette difficulté, que l'étendüe de Dieu, qu'ils posent immense & infinie, & mélée avec celle de tous les corps, est penetrable, & celle de la Matiere impenetrable. Mais d'où vient & comment Dieu a-t'il produit cette impenetrabilité qu'il ne voyoit & ne connoissoit point en lui? car Dieu ne voit & ne conroît selon ces Philosophes, que ce qui est en lui, & ce que sa nature contient. Comment encore pouvoir concevoir cette penetrabilité de la substance étendüe de Dieu, avec celle de la Matiere? Car si une étendüe en peut penetrer une autre, pourquoi celle de la Matiere aussi bien que celle de Dieu, n'aura-t'elle pas cette proprieté? La nature & l'essence de l'étendüe qui consiste à avoir ses parties posées les unes immediatement auprés des autres, ne convient-elle pas à toute étendüe? si cela n'étoit pas, deux & deux pourroient n'être que trois & un. Car une étendüe de cinq pieds penetrant une autre qui ne seroit que de deux, ou d'un pied, il est évident que cinq deviendroient deux ou un. Il y a en-

encore là de la contradiction. Car s'il eft vrai que la fubftance étendüe de Dieu penetre celle de la Matiere, il eft manifefte que celle de la Matiere n'eft pas impenetrable. Au contraire, il eft clair qu'elle eft effectivement penetrée par celle de Dieu, de même que celle de Dieu eft penetrée par celle de la Matiere, l'un emporte neceffairement l'autre. L'on fera donc reduit à n'admettre aucune impenetrabilité de la Matiere qu'à l'égard de la Matiere même. Et fur quel fondement? quelle raifon a-t'on de faire ces fuppofitions? N'eft-il pas évident que l'idée de l'étendüe emporte de toute neceffité celle de l'impenetrabilité? Car qui dit étendüe (je parle toûjours de l'étendüe réelle, & corporelle, ou pofitive) dit une fubftance repandüe en tout fens, par des parties réelles, immediatement pofées & jointes les unes aux autres; &, comme parlent les Cartefiens, dont l'effence eft d'avoir fes parties les unes hors des autres. Pofez donc des parties les unes dans les autres, & n'occupant qu'un même lieu, vous anean-

tissez aussi-tôt cette étendüe, son essence, & son idée quelle qu'elle soit, &
quelque distinction que vous puissiez
faire d'étendüe d'avec étendüe.

Mais enfin pourquoi assigner cette
impenetrabilité à la Matiere, & non à
Dieu? est-ce une perfection, ou une
imperfection? Si c'est une perfection,
pourquoi Dieu ne l'a-t'il pas? Si c'est
une imperfection, pourquoi & comment l'a-t'il produite? & qui vous a
dit que l'impenetrabilité est une imperfection, & la penetrabilité une perfection? le contraire me paroît infiniment plus vrai-semblable. Car si l'on
ne veut point faire de violence à son esprit, & aux lumieres de nôtre raison,
nous trouverons aisément qu'il est plus
avantageux & plus parfait à une substance de tellement occuper son lieu,
d'être la maîtresse de sa place, se posseder elle seule, & ne souffrir quoi que
ce soit au dedans de soi, que de se voir
confondüe avec une autre qui la penetre, qui la possede, toute entiere, elle, &
tout l'espace qu'elle remplit. Or par
le moyen de l'impenetrabilité vous oc-
cupez

cupez fi bien nôtre lieu, que fi quelqu'autre étenduë vient à vous choquer
pour vous en chaffer, vous le repouffez
incontinent, ou fi fa force eft fi grande
qu'il faille que vous lui cediez, cette
même force jointe à vôtre impenetrabilité, vous pouffant ailleurs, vous
fait toûjours placer quelque part, & fi
bien placer qu'on ne fçauroit vous éloigner fans en même temps nous rendre
lieu pour lieu, place pour place, & efpace pour efpace. Si l'on dit que la penetrabilité & l'impenetrabilité font des
chofes, ou des accidens que Dieu peut
mettre indifferemment dans toute
étenduë, il faudra qu'on reconnoiffe
que Dieu peut donc donner l'impenetrabilité à la fienne, & la penetrabilité
à celle des corps. s'il donne l'impenetrabilité à la fienne, il en fera d'une
étenduë immenfe & infinie une finie &
bornée, & avec de telles bornes, qu'il
lui plaira. Ainfi il pourra la reduire à
un pied, à un doigt, à un atome. Et
s'il donne la penetrabilité à la Matiere, fans que fa nature d'étenduë ceffe,
nous aurons quand Dieu voudra tout le
monde

monde quelque vaste que soit son étendüe, quelque infinie même que Des-
cartes se l'imagine, renfermé tout
entier, & dans toute sa perfection, sa
substance, & son essence, en un atome, en un grain de sable, sur la pointe
d'une aiguille.

Assurement si Dieu est immense,
comme il n'est pas possible de concevoir cette immensité de substance sans
une veritable, réelle & positive étendüe, où sera donc celle de l'univers?
Diriez-vous que Dieu n'est dit étendu
que par ses operations, & qu'à parler
proprement, il n'est *nulle part?* Mais
c'est là de Dieu en faire un beau rien,
ou si vous voulez un espace imaginaire.
Si Dieu n'étoit par tout qu'à l'égard de
ses operations, sa Divinité ne seroit autre chose qu'un mode ou une qualité
attachée à l'étendüe de la Matiere, &
des corps, qui ne subsisteroit qu'en elle, & par elle, au lieu que je conçoi
évidemment la substance étendüe
comme une chose existante & subsis-
tante en soi-même, & par soi-même.
Mais pour la Divinité, puisque ce n'est
rien

rien que des operations, & des actions, sans doute l'action n'étant & ne pouvant être que dans le sujet qui agit, comme le mouvement n'exiſte que dans le sujet qui le reçoit, ou qui eſt mû, c'eſt encore une fois tomber dans le Spinoſiſme, c'eſt prendre pour Dieu toute la Matiere , & l'univers, dont l'étendüe corporelle ſera le corps de ce Dieu, & la force qui le meut & l'agit, ſera l'ame & l'eſprit.

Enfin ſi l'on reçoit cette definition de Dieu que l'Ecole & la plûpart des Philoſophes embraſſent aujourd'hui, *Dieu eſt un Eſtre abſolument infini, infini en tout genre, à la nature duquel appartient tout ce qui exprime quelque être, & tout ce qui exclud toute negation d'être, de modes & de qualités, &c.* Faut-il chercher d'autre Dieu que tout ce qui eſt, tout ce que nous ſommes, tout ce que nous voyons, toute la nature, en un mot, conſiderée comme infinie en étendüe & en penſée, & avec une infinité de modifications de l'une & l'autre de ces attributs, & dire avec ce Poëte Stoïcien , *Jovis omnia plena.*

Ou

Ou bien,

*Jupiter est quodcunque vides, quocunq́,
moveris.*

Il ne suffit pas d'avoir refuté la definition que Spinofa nous donne de fon
Dieu. Il faut auffi montrer que la preuve
dont il pretend l'appuyer, eft nulle, ou
que fi elle a quelque force, elle fait auffi
bien contre Spinofa que contre ceux
qu'il attaque. Il ne faut jamais perdre
de vûe ce qu'il doit prouver, fçavoir, que
*Dieu eft une fubftance abfolument infinie,
un être abfolument infini, c'eft-à-dire,
doüé d'attributs infinis, ou d'une infinité
d'attributs, dont chaque foit infini en fon
genre.* Car quiconque n'aura pas toûjours prefente à l'efprit cette propofition que Spinofa pretend demontrer,
il pourra facilement fe laiffer tromper
par ce fourbe, & prendre le change.
Parce qu'au lieu de demontrer l'exiftence d'un tel être qui ne peut jamais
être, & qui même n'a jamais été dans
l'efprit de nôtre Impie, il demontrera
fimplement qu'il faut qu'un être *infiniment parfait* & l'être *le plus parfait* de
tous, exifte neceffairement. Or cela
n'eft

n'eft point du tout demontrer ce qu'il a du demontrer. Car il y a une differen- ce infinie entre ce dernier être, & l'Eſ- tre abſolument infini, ou infini en tout genre. Puiſque qui dit l'être le plus parfait de tous, ſuppoſe manifeſte- ment d'autres êtres, & des êtres qui même ont quelque perfection, mais qui ne ſont pas ſi parfaits que lui. Quand on prouveroit même, ce qui eſt aiſé de prouver, qu'il ne faut ad- mettre l'exiſtence que d'un ſeul être parfait, eſſentiellement parfait, & parfait en tout genre de perfections, Spinoſa ne prouveroit rien encore de ce qu'il doit prouver, parce qu'il n'impli- que nullement qu'un autre être abſolu- ment & eſſentiellement imparfait exiſ- te auſſi bien que l'être eſſentiellement parfait, & par conſequent il ſeroit toû- jours vrai de dire qu'il n'y auroit point d'être abſolument infini, & qui renfer- meroit en ſoi & dans ſon eſſence tout être quel qu'il fût.

Il eſt vrai que Spinoſa confond dans ſa Philoſophie l'être & la perfection, pretendant que tout ce qui eſt, & ne

ren-

renferme aucune negation d'être, eſt
une perfection, mais c'eſt une choſe
qu'il ſuppoſe, & qu'il ne prouve jamais.
Il ne s'eſt pas même jamais mis en peine de la prouver. Pour moi je ne trouve
rien de plus faux, ni de plus extravagant. Car ſi tout ce qui eſt, & ne marque aucune negation d'être, quel qu'il
ſoit, eſt une perfection, il eſt donc
vrai de dire que la douleur, & la triſ-
teſſe, & tous leurs degrés quelques ter-
ribles & extrêmes qu'ils ſoient, ſont
pourtant des perfections & de réelles
perfections, dignes de Dieu, ou de
l'Eſtre infiniment parfait. Peut-on extravaguer davantage, & ne faut-il pas
dire que ces eſprits forts, qui veulent
ſupplanter la Divinité dans l'eſprit des
hommes, ont perdu leurs ſens, & l'u-
ſage d'une raiſon dont ils ſe vantent tant
d'être les defenſeurs? Pouſſons about
la fureur & la rage de ces inſolens.

S'il eſt vrai que tout ce qui emporte
quelque affirmation d'être, de maniere d'être, & ne marque aucune negation d'être, ſe doit affirmer de Dieu,
& de l'Eſtre infiniment parfait, tous

les emportemens de fureur & de rage
qui peuvent tomber dans l'esprit d'un
desesperé, tel qu'est à present l'impie
Spinosa dans son lieu, & dans sa pri-
son : & tous les blasphémes execrables
que nous pouvons concevoir qu'il vo-
mît contre un Dieu bon & infiniment
parfait, qu'il a voulu détruire autant
qu'il a été en lui, afin d'élever sur ses
ruines un Dieu imaginaire, & un
Estre *absolument infini en tout genre*, c'est
à dire un Dieu fou, enragé, furieux,
& qui doit être tout cela dans des degrés infinis : Car s'il lui manquoit un
seul degré de rage, & de fureur, il ne
seroit plus le Dieu & l'Estre infini de
Spinosa : si dis-je tout cela se doit affirmer de Dieu, n'est-ce pas évidemment en détruire la nature & l'existence ? n'est-ce pas de l'être le plus parfait
qu'on soit obligé de concevoir, le
concevoir le plus imparfait, le plus mi-
serable, & le plus malheureux de tous
les êtres.

Il y a bien plus, car il y a encore en
cela une manifeste & palpable contradiction. Car si tout ce qui peut mar-

quer quelque être, & n'enporte aucune negation d'être, ni de maniere d'ê-
tre, se doit attribuer à Dieu, n'est il
pas plus clair que le jour que le Dieu de
Spinosa doit avoir en même temps, &
sentir dans soi-même tous les degrés
possibles de douleur & de tristesse, &
par consequent des degrés infinis en
nombre & en excés de plaisir & de
joye. Ce qui implique si évidemment,
qu'on peut rien voir de plus contradictoire.

J'ay fait remarquer que Spinosa ne
s'est jamais mis en peine de prouver
que l'être, & tout ce qui en dépend,
generalement parlant soit une perfection; mais non seulement il n'a point
prouvé cette proposition, je dis qu'il
l'a détruite. Car selon sa Philosophie il
n'y a rien de bon, ni de mauvais en soi,
rien de laid ni de beau, rien de parfait
ni d'imparfait. Ainsi toutes choses lui
sont égales, quelles qu'elles soient, &
que vous vous les imaginiez. Le bien,
le mal; le beau, le laid; le parfait,
& l'imparfait ne signifient rien que nos
propres idées des choses en les compa-
rant

rant entr'elles, & y remarquant plus
ou moins de respect d'elles à nous, à
ce qui nous touche, à ce qui peut nous
être utile. Quant aux choses mêmes,
il n'y a rien en elles qui les fasse surpas-
ser les unes les autres. Par consequent
si nous supposions qu'un homme vint à
cesser de penser, il seroit aussi parfait
en cét état que s'il pensoit, & qu'il l'é-
toit avant qu'il cessât de penser.

J'avouë pourtant que Spinosa n'a
pas tout-à fait tort de dire que bon ou
mauvais, laid & beau, agreable &
desagreable, utile & pernicieux, en
un mot parfait & imparfait sont des
Idées que nôtre esprit forme, en com-
parant les choses entr'elles, & avec
nous : mais ce sont des Idées qui marquent de veritables choses, & qui ne se
formeroient jamais si elles ne trou-
voient de justes fondemens dans les
choses mêmes. Si rien n'existoit, ou si
une seule chose existoit, il seroit vrai à
la rigueur de dire, qu'il n'y auroit rien
de bon ni de mauvais, de laid ni de
beau, de parfait ni d'imparfait. Car
avec qui, & qui en feroit ou pourroit

                    faire

faire quelque comparaison, si ce n'est avec des êtres possibles? Mais j'ay tort moi-même, & je voi bien que je m'avance trop, que de dire que si une seule chose existoit, il n'y auroit rien de parfait ni d'imparfait, de bon ni mauvais. Car il ne faut pas dire cela si generalement, il y faut apporter quelque exception, & limiter cette chose unique qu'on supposeroit exister toute seule. La restriction qu'il faut y apporter, est de dire que cette chose unique n'ait ni sentiment ni connoissance. Car si vous la supposiez doüée de sentiment & de connoissance, il est évident qu'elle connoîtroit fort bien, si elle y vouloit faire reflexion, que ce seroit un tres-grand mal, & une tres-grande imperfection pour elle, si elle cessoit d'avoir du sentiment & de la connoissance, à moins que le sentiment qu'elle auroit d'elle, ne fût qu'un sentiment de douleur & de tristesse insupportable. Et tout au contraire, elle verroit fort clairement que cét état de sensibilité & de connoissance comparé avec celui d'insensibilité & de stupidité lui seroit infi-

niment

niment plus doux & plus parfait que
l'autre. Mais fi vous faifiez une fuppo-
fition contraire, je veux dire, fi vous
fuppofiez que cette chofe unique qui
exifteroit, feroit fans vie, fans fentiment, ni intelligence, il eft certain
qu'il n'y auroit rien à fon égard qui fût
bon ou mauvais, parfait ou imparfait;
& ce feroit une même chofe pour elle
de n'exifter pas, comme d'exifter.
Ces chofes étant ainfi éclaircies, je re-
prens mon premier fujet, & je dis qu'il
ne fuffit pas d'avoir aneanti la definition du Dieu de Spinofa, & de l'avoir
aneanti par le bon fens, & la droite
raifon, & même par les principes de
cét Impie, il faut encore prouver invinciblement que les Demonftrations
qu'il apporte de l'exiftence de fon infini
chimerique, ne le prouvent nullement, & que s'il y a quelque force dans
ces demonftrations, elles portent coup
contre lui-même, & qu'il eft obligé
d'y répondre auffi bien que nous, ou
de les defavouër, ou enfin de les corri-
ger & reformer afin qu'elles puiffent
paffer pour bonnes & legitimes. Mais
D 3   comme

comme je l'ay déja dit, & comme je
le dis encore ici, ne perdons jamais de
vûë *l'Eſtre abſolument infini,* ou infini
en tout genre, en tout ſens, en toute
maniere, de Spinoſa, afin d'y comparer toutes ſes pretenduës geometriques
demonſtrations.

---

*Examen de la premiere Demonſtration de
Spinoſa ſur l'exiſtence de l'Eſtre abſolument infini, & non pas infini ſeulement
en ſon genre.*

VOici la premiere Demonſtration touchant l'exiſtence necef-
ſaire de Dieu, c'eſt-à-dire ſelon lui de
l'Eſtre abſolument infini, infini en tout
genre. *Si,* dit-il, *l'Eſtre abſolument infini n'exiſte pas neceſſairement, concevons
donc s'il eſt poſſible qu'il n'exiſte pas ; donc
ſon eſſence ne renferme pas neceſſairement
l'exiſtence ; or cela eſt abſurde par la ſeptiéme Propoſition, ſçavoir, que l'exiſtence
eſt la nature ou l'eſſence de la ſubſtance ;
donc Dieu, c'eſt-à-dire la Subſtance infinie
en tout genre, doüée d'une infinité d'attri-*
buts

buts tous infinis, donc enfin l'Estre absolu-
ment infini, & à l'essence de qui appartient
tout ce qui est, & tout ce qui ne marque
aucune negation d'être, existe necessaire-
ment. Que dites-vous Messieurs les
Philosophes de cette admirable demonstration ? n'est-elle pas bien juste,
bien claire, & bien exposée? Et vous
Messieurs les Athées, Cartesiens, Spi-
nosistes, n'est-ce pas là bien debutter
pour desabuser les pauvres mortels, &
les delivrer de la superstition d'un
Dieu ? ça Messieurs les esprits forts,
avancez-vous, & vous élevez avec ce
premier dard & cette premiere flêche
à la main, pour la lancer contre le ciel,
& celui qui y fait son sejour. Resuscitez
ces geans de la fable, qui faisoient la
guerre aux dieux; ces Titans, ces enfans de la terre, qui amassoient montagnes sus montagnes pour escalader
la cour celeste, & renverser le trône du
Dieu du Tonnere. Voici un nouveau
Typhon, qui marche le premier, &
tête baissée avec son Ossa, tout prêt
d'y ajoûter Pelion, puis Atlas, puis
Etna, qui vous serviront d'échelle jus-

D 4 qu'au

qu'au ciel. Vous me direz qu'il n'eſt
pas beau ni ſe int à un Philoſophe comme moi, de rire ainſi, & de me railler
des autres Philoſophes. En verité,
Meſſieurs, ſi mes railleries vous déplai-
ſent, prenez-vous en à vous-mêmes,
& à vôtre Spinoſa; effacez auparavant
ſes demonſtrations impertinentes, &
puis nous ne rirons plus de vous, ni à
vos dépens. Que ſi vous êtes ſi endur-
cis & ſi aveuglés des raiſonnemens de
vôtre Geometre, que vous ne puiſſiez
pas vous reſoudre à y renoncer, de bonne foi permettez nous auſſi d'en rire, &
de vous ſiffler comme les plus grands
ânes, je ne dis pas de tous les Philoſophes, car vous ne*meritez pas même
l'ombre d'un ſi beau nom, mais de tous
les mortels. Si aprés tout vous ne voulez pas nous permettre de rire, du
moins ſouffrez que nous pleurions. En
effet vôtre ſtupidité & vôtre aveuglement eſt ſi pitoyable, ſi triſte, & ſi fu-
neſte à vous même, qu'il eſt plus juſte
mille fois de le deplorer amérement,
que de s'en moquer. Hé comment ne
pas pleurer de voir des gens qui ſe pi-
quent

quent de bel efprit, de fubtilité, de
force de raifonnement, raifonner auffi
mal que fait ici Spinofa? *Si, dit-il, l'Ef-*
tre abfolument infini, infini en tout genre,
ou fi la Subftance infinie, doüée d'une infi-
nité d'attributs tous infinis n'exifte pas,
donc fon effence ne renferme pas neceffaire-
ment l'exiftence. Sans doute: & bien
quel mal en cela, & qu'en arrivera-t'il?
Cela, dit-il, *eft abfurde.* Par où je vous
prie? *Par la Propofition feptiéme, fça-*
voir, que l'exiftence appartient à l'effence
ou à la nature de la fubftance. Fort bien:
Que s'enfuit-il de là? Il s'enfuit *que*
Dieu, c'eft-à dire l'Eftre abfolument infi-
ni, & infini en tout genre, ou la fubftance
doüée d'une infinité d'attributs tous infinis
doit neceffairement exifter. Et moi je
foûtiens qu'il n'y a pas là feulement
l'ombre d'une confequence. Car eft-ce
bien conclure? L'exiftence appartient
à l'effence de la fubftance, donc une
fubftance infinie en tout genre, ou
doüée d'attributs infinis, exifte neceffairement. Cela prouve auffi peu l'exiftence d'une fubftance infinie, comme
d'une finie. Cela ne peut rien prouver

D 5

tout

tout au plus, sinon que tout ce qui est
substance, quelle qu'elle soit d'ailleurs
finie ou infinie, existe necessairement.

Mais accordons à Spinosa que sa
consequence est bonne. Il faut donc
qu'il admette une telle substance, &
qu'il y reconnoisse non pour deux attributs, tels que la pensée & l'étenduë,
qui lui paroissent les seuls composer la
nature de son être infini, ou de sa substance infinie, mais un nombre naturellement infini. Car qu'est-ce que
deux attributs en comparaison de mille, dix mille, mille millions, en un
mot, d'un nombre actuellement infini? Or si cét être existoit actuellement,
comment seroit-il tout ce que nous
voyons, tout ce que nous sommes, tout
cét univers? Il faudroit assûrement l'en
distinguer. Car outre les deux attributs
de la pensée & de l'étenduë que nous
remarquons en nous, qui faisant partie de cét univers, & que nous serions
aussi obligés d'admettre en Dieu, ou
en cét être absolument infini, il faudroit encore demeurer d'accord qu'il
y en auroit un nombre infini d'autres,
qui

qui nous feroient inconnus à la verité, mais que nous serions pourtant invinciblement persuadés qu'ils seroient en lui. Or tout cela est une mer de contradictions & d'absurdités infinies. Car ce Dieu ou cette substance infinie seroit cét univers, & le seroit pas en même temps. Elle le seroit puisque tout ce qui est, & tout ce qui marque quelque être lui appartiendroit, elle ne le seroit pas aussi. Car cét univers n'ayant que deux attributs infinis pour partage, la pensée & l'étenduë, il ne pourroit jamais apartenir à la substance, ni à l'être qui auroit une infinité d'autres attributs. Car s'il lui apartenoit, & s'il faisoit partie de son essence, il est certain qu'il devroit aussi participer à tous les autres attributs infinis qui lui apartiendroient.

Examen de la seconde Demonstration.

Passons à la seconde Demonstration. *L'on doit toûjours rendre raison de l'existence de tout ce qui existe, quel qu'il qu'il soit. Par exemple, si un Triangle existe, il faut dire pourquoi il existe; & s'il n'existe pas, qui est ce qui empêche son existence, & cette raison ou cause qui empêche son existence, doit se trouver dans la nature de la chose même, ou hors d'elle. Par exemple, la raison pourquoi il n'y a point de Cercle quarré, ou de quadrature de Cercle, se trouve dans la nature de la chose même, & c'est que cela implique contradiction. Tout au contraire, la raison pourquoi la substance existe se trouve dans sa propre nature, & c'est que l'existence apartient à son essence. Mais la raison pourquoi le Cercle existe ou n'existe pas, n'est pas une suite qui vient de leur nature, mais celle qui se tire de l'ordre & de l'état de toute la nature ou substance corporelle. Car il s'ensuit necessairement de cèt ordre que le Triangle doit dèja exister, ou qu'il est impossible qu'il existe jamais. Si donc l'on ne peut rendre aucune raison qui empêche l'existence de Dieu, ou ne la peut souffrir, il faut absolument conclure qu'il existe necessairement. Et cette raison s'il y en avoit une se devroit trouver ou dans la nature de Dieu, ou hors d'elle, c'est à-dire dans une*

sub-

fubftance d'une autre nature. Je dis d'une autre nature; car fi elle étoit de même nature que la fienne, par là l'on concederoit l'exiftence de Dieu; mais une fubftance de differente nature n'auroit rien de commun avec elle, & par confequent elle n'en pourroit empêcher ni pofer l'exiftence. Puifque donc la raifon qui s'oppoferoit à l'exiftence divine, ne fe peut pas trouver hors la nature divine, elle fe devroit neceffairement trouver en elle, s'il eft vrai que cette nature n'exifte pas; & cette raifon feroit que c'eft une chofe qui implique contradiction. Or il eft abfurde de dire touchant l'être abfolument infini, & fouverainement parfait, qu'il implique contradiction qu'il exifte. Il n'y a donc point de raifon ni de caufe en Dieu, ou hors de Dieu, qui empêche & ruine fon exiftence; & par confequent Dieu exifte neceffairement. Cette Demonftration eft admirable pour prouver l'exiftence du vrai Dieu, tel que nous adorons, mais elle ne fait rien pour celui que Spinofa nous veut faire croire. Je reconnois avec lui que fi fon Dieu, c'eft à dire, cét Eftre abfolument infini, ou cette fubftance doüée du nombre infini,

d'atd'attributs tous infinis, n'existe pas, il faut que la raison qui s'oppose à son existence se trouve en elle, ou hors d'elle. Cela est vrai, & je dis que cette raison se trouve dans la nature de la chose même. Mais qu'est-ce? C'est que c'est une évidente contradiction; & qu'il est absolument impossible qu'un tel être existe : Car il implique contradiction de poser d'un côté l'existence d'un tel être, & de l'autre demeurer d'accord que tout ce qui seroit quel qu'il fût, c'est-à-dire, quelque imperfection qu'on y trouvât, apartiendroit à sa nature, & à son essence.

L'autre contradiction qui paroît en cela est que si cét être absolument infini existoit necessairement, c'est-à-dire, cette substance infinie, ou doüée d'un nombre infini d'attributs tous infinis; il est visible qu'elle existeroit seule & unique, & se trouveroit par tout. Car il est manifeste que j'existe, & que ce monde que je voi existe aussi. Il est manifeste encore que ce moi qui existe, & ce monde qui existe avec moi n'est point l'être infini, & n'a point un nombre

bre infini d'attributs tous infinis. Car
enfin je ne trouve en moi que la pensée
& l'étenduë, & Spinosa n'en a pas
trouvé davantage en son Idole, qu'il a
voulu faire passer pour une Divinité absolument infinie. Par consequent il implique que cét être absolument infini
existe, ni qu'il existe jamais; & s'il
existoit, il impliquoit contradiction que
j'existasse moi qui suis une partie d'un
être qui n'a que deux attributs infinis
pour tout partage. Ou bien enfin il
faudroit que je réconnusse en moi à
proportion de ce que je suis, & de la
part que j'aurois en cet infini en tout
genre, un nombre infini d'attributs tous
infinis. Et c'est ce que je ne sçaurai voir
en moi, quelque attention que j'apporte à me bien examiner.

Non seulement la raison ou la cause
qui empêche l'existence de cét être
chimerique se trouve dans la nature
même de la chose; mais on en trouve
encore une autre substance, c'est en
celle de Dieu ou de l'être infini en perfection. Car puisqu'il implique contradiction qu'il existe plus d'un être infini

en

en perfection, il est évident que l'existence de cét être souverainement parfait est une autre raison qui empêche
l'existence de celui qui ne feroit pas feulement infini en perfection, mais en
imperfection même.

Je dis encore que bien que Spinosa
ait raison de dire, & que je lui accorde
que tout ce dont il n'y a ni raison ni cause qui empêche son existence, existe de
toute necessité, il ne s'enfuit pas de là
neanmoins que tout cela doit être &
exister necessairement, dont nous ne
pouvons pas marquer la cause ou la raison qui peut en empêcher d'ailleurs
l'existence, parce qu'il est vrai qu'il
peut y avoir mille & mille telles raisons,
mais qui pourtant nous feront toutes in-
connuës. Et pourquoi donc n'y en pouroit il pas avoir dans la nature ou l'essence de ce pretendu être absolument
infini, & doüé d'attributs infinis? car
pourquoi ne se pourroit-il pas faire que
dans ce nombre infini, ou plûtôt comment ne pas reconnoître necessairement dans ce nombre infini, des mil-
liers d'attributs tous opposés les uns aux

au-

autres, & tellement oppofés, qu'ils ne
pourroient en maniere quelconque fubfifter dans un même fujet, ou une même fubftance?

Si Spinofa ne veut pas avoüer cette
verité, qu'il prenne bien garde à lui.
Car je tirerai de fa maxime un fi grand
avantage pour moi, qu'il me fuffira lui
feul à détruire fon être chimerique, fa
fubftance infinie en tout genre, & éta-
blir fur fes ruines celle que je reconnois,
je veux dire *l'Eftre infini en fon genre*, *la*
Subftance infinie en perfection. Voici
comment : Tout cela doit exifter neceffairement, dont il n'y a point de raifon
ni de caufe qu'on puiffe marquer qui
empêche fon exiftence. Or l'être infini feulement en perfection, c'eft-à-dire
infini en fon genre, eft tel qu'on ne
fçauroit marquer ni raifon ni caufe qui
en empêche l'exiftence. Par confequent il exifte neceffairement : & fi l'ê-
tre infini en perfection exifte, il implique contradiction qu'il en exifte une
autre. Car fi un autre exiftoit, il ne feroit plus infini en perfection, il ne feroit plus l'être fouverainement parfait,

E   c'eft

c'eſt-à-dire le plus parfait de tous les êtres. Car il y en auroit un auſſi parfait que lui. Encore moins l'être abſolument infini, c'eſt-à-dire, infini en tout genre exiſteroit-il?

Le ſecond avantage que je tire de la Maxime de Spinoſa contre lui-même, eſt que c'eſt à tort que cét impie rejette l'exiſtence des eſprits, des demons, &c. Quand je parle d'eſprits, j'entens parler de veritables ſubſtances, qui ont une veritable étenduë, mais laquelle nous eſt inconnuë, inſenſible, & imperceptible. Or je ſoûtiens que ſi tout cela doit exiſter neceſſairement, dont il n'y a aucune raiſon, ni dans la nature de la choſe même, ni hors d'elle qui en empêche l'exiſtence: Il y a donc des eſprits, & des eſprits de toutes ſortes, c'eſt-à-dire, bons & mauvais, folets & ſerieux, amis & ennemis des hommes, &c. Car s'il n'y en a point, il me faut marquer pourquoi, & me montrer que la raiſon qui empêche leur exiſtence, eſt priſe de la nature de la choſe même, comme que cela implique contradiction, ou qu'elle ſe

doit

doit prendre hors d'elle, & dans une
autre substance. Or cette autre substance est ou n'est pas de même nature
que la premiere; si elle est de même
nature, il y a donc encore des esprits,
&c. si elle n'en est pas, elle n'a donc
rien de commun avec elle, & par consequent elle ne peut en empêcher ni
poser l'existence. Il y a donc encore des
esprits, &c. à moins que Spinosa n'y
trouve de la contradiction. Or quelle
contradiction y a-t'il en cela? nulle assurement. Car il est aussi facile de concevoir une petite portion de matiere insensible & imperceptible à nos yeux
grossiers, doüée de vie, de connoissance & de sentiment, qu'une plus grande, sensible & palpable. Que si avec ce
raisonnement là je trouve encore que
ces mêmes esprits se découvrent aux
hommes par des effets surprenans &
extraordinaires, & au dessus de tout ce
que je voi dans la nature; alors je ne
doi plus balancer ni douter qu'ils existent.

Enfin je tirerai de cette maxime de
Spinosa l'existence d'une infinité d'au-

tres êtres qui ne furent & ne feront jamais, mais dont cét Impie ne pourra rendre aucune raifon qui empêche leur exiftence. Je dis donc qu'il faut admettre l'exiftence des harpies, des hyppocentaures, des pigmées, des hommes avec un feul œil, & d'autres avec une corne au front. Car pour quelle raifon ou caufe n'exifteroient-ils pas? Ou cette raifon fera prife de la nature même de ces êtres, ou bien hors d'eux, & dans une autre fubftance. Si elle fe prend de leur propre nature, il faut donc montrer qu'il y a de l'impoffibilité & de la contradiction à pofer leur exiftence. Si elle fe prend hors d'eux, & dans une autre fubftance, ou cette fubftance eft de même nature qu'eux, ou non: fi elle eft de même nature, il y a donc encore des harpies & des hyppocentaures, &c. fi elle n'en eft pas, elle n'a donc rien de commun avec eux, & par confequent elle n'en peut empêcher ni pofer l'exiftence. Je defie tous les Spinofiftes de pouvoir parer ce coup, de quelque maniere qu'ils s'y prennent, fi ce n'eft qu'ils qu'ils fe refolvent de renoncer à leur maxime, & de dire qu'il y a bien des chofes dont l'exiftence peut ne nous pas paroître impoffible ni contradictoire, quoiqu'elle le foit, parce que la caufe ou la raifon de leur impoffibilité nous eft cachée. A quoi j'ajoûte une feconde raifon, que je prens hors de la nature des êtres dont je parle (car pour moi j'avoüe que je n'y trouve pas la moindre aparence de contradiction ou d'impoffibilité) & cette raifon fe trouve dans une autre fubftance, fçavoir, en celle de Dieu, qui eft l'Architecte & l'Ouvrier de la nature, & à qui il a plû de ne pas former ces harpies ni ces hyppocentaures, qu'il auroit pû formé, & formeroit encore aujourd'hui s'il vouloit. Et quant au Dilemme de Spinofa qui dit, que cette fubftance eft ou n'eft pas de même nature qu'eux, fi elle en eft, il y a donc encore des harpies, &c. fi elle n'en eft pas, elle n'a donc rien de commun avec eux, & par tant n'en peut pofer ni empêcher l'exiftence. Je repons que c'eft une fadaife : car cette fubftance Divine n'a que faire d'être

de

de même nature que ces êtres chimeriques pour en poſer ou empêcher
l'exiſtence. Il faut ſeulement reconnoître qu'elle a un pouvoir infini ſur la nature corporelle dont ils dependent;
mais ſi Dieu eſt incorporel, comment
agira-t'il ſur la nature corporelle? Si
Dieu étoit incorporel, il n'agiroit
point ſur elle, & n'y pourroit agir. Auſſi ne diſons nous pas que Dieu ſoit un
atome, ou un être ſans aucune étenduë. A cét égard il eſt vrai de dire que
la nature de l'être divin ſeroit ſemblable
à celle des êtres chimeriques dont nous
parlons, puiſqu'ils ſeroient des ſubſtances étenduës s'ils exiſtoient. Mais ce
n'eſt pas là à parler juſte ce que nous
devons prendre pour leur eſſence; c'eſt
leur maniere d'être, ou leurs diverſes
modifications, qui dépendent d'un
côté de la ſubſtance materielle, & de
l'autre de celle de l'être ſouverainement
parfait, qui peut agir ou ne pas agir ſur
la Matiere, s'il le trouve à propos, &
quand il agit ſur elle, de le faire ſelon la
maniere qui lui plaît.

Exa-

Examen de la troisiéme Demonstration.

JE viens à la troisiéme Demonstration de Spinosa : *C'est un defaut,
c'est une impuissance que de pouvoir
n'exister pas ; & tout au contraire, c'est
une puissance & une force que de pouvoir
exister.* Produisons ici les propres termes de Spinosa. Car on m'accuseroit
peut-être de ne pas les interpreter fidelle-
ment, & de les changer, afin de le
pouvoir tourner en ridicule. *Posse non
existere impotentia est, & contra posse existere potentia est.* Si donc, continue-t'il,
ce qui existe à present, & existe necessairement ne sont que des êtres finis, des êtres
finis sont donc plus puissans, * plus forts,   * poten-
que l'être absolument infini. Or cela est ab-   tiora.
surde, & la chose parle d'elle-même. Il
n'existe donc rien, ou s'il existe quelque
chose, l'être absolument infini doit aussi
exister de toute necessité. Je ne puis pas
m'empêcher de rire en rapportant cette belle Demonstration. Il n'y a point
de petit Logicien qui ne renvoyât à l'é-
cole un homme qui raisonneroit ainsi.

E 4

C'est

C'eſt pourtant là une demonſtration &
une demonſtration Geometrique, &
une demonſtration de ce grand & ſublime genie, qui pretend avec cela af-
fronter les Dieux & les hommes. N'ou-
blions jamais que le but de Spinoſa eſt
de demontrer l'exiſtence d'un être abſolument infini, c'eſt-à-dire, doüé
d'un nombre infini d'attributs tous infinis. Or voyons ſi ſa demonſtration ira
là. *C'eſt*, dit-il, *une impuiſſance ou foibleſſe de pouvoir n'exiſter pas.* Quel langage eſt cela? eſt-ce un homme raiſonnable? eſt-ce un Philoſophe? eſt-ce un
Geometre qui nous parle ainſi? eſt-ce
ce chef des eſprits forts & ſubtils, qui
ſeuls ont le droit & le privilege de bien
raiſonner? Pour moi je dis que quand
les plus grands ânes d'Arcadie raiſonneroient, ils raiſonneroient mieux que
cela, & parleroient un langage plus
ſenſé & plus intelligible s'ils parloient.
O mon Dieu qu'il eſt bien vrai qu'en
vous perdant, & en ſe détournant de
vous, qui êtes la ſuprême raiſon & ſageſſe, l'on tombe dans la folie, l'extravagance & l'aveuglement! Qui eſt ce
qui

qui a jamais ouï dire que ce fût une foibleſſe ou impuiſſance que de pouvoir ne pas exiſter? Il me ſemble que le bon ſens devoit ſuggerer à Spinoſa qu'il n'y a & n'y peut avoir de foibleſſe à pouvoir faire ou pouvoir ne pas faire, à pouvoir être ou n'être pas; & qu'il falloit dire, qu'il y a de la foibleſſe ou de l'impuiſſance à ne pouvoir pas exiſter. Car pouvoir eſt puiſſance, & ne pouvoir pas eſt impuiſſance. Mais peut-être a-t'il voulu parler ainſi? Soit, je dis en ſecond lieu qu'il faut être privé de ſens pour dire, que c'eſt une foibleſſe que de ne pouvoir exiſter, nous parlons d'une exiſtence veritable, & telle que celle de la ſubſtance. Car ce n'eſt point là du tout l'Idée que nous devons avoir d'une choſe que nous concevons ne pouvoir jamais exiſter: il n'y a ni foibleſſe, ni defaut dans une choſe qui n'eſt rien, & ne ſera jamais rien. Il n'y a auſſi ni force, ni puiſſance dans une choſe qui peut être, mais qui n'eſt encore rien. L'Idée que nous en avons nous marquant l'impoſſibilité de ſon exiſtence, nous doit faire dire que ſi elle ne peut pas exister, c'est qu'il y a de l'impossibilité dans son existence, & tout au contraire, si elle peut exister, qu'il y a de la possibilité dans son existence, & dans l'Idée que nous en formons. Encore cette maniere de raisonner n'est pas trop juste, ne pouvoir pas exister, c'est une impossibilité; & c'est une possibilité que de pouvoir exister. quoiqu'il en soit ce dernier sens n'est point du tout celui de Spinosa. Car la suite de sa demonstration a eu le premier en vûë, & dans l'esprit, parce qu'il y compare l'être fini avec l'infini eu égard à la force que l'un auroit au dessus de l'autre, en ce qu'il existeroit quoique fini; & l'autre non quoiqu'infini; & qui par consequent devroit à cét égard avoir infiniment plus de force pour exister que l'être fini. Cela étant il a fallu que Spinosa ait conçû dans les êtres qui existent, une puissance & une force réelle & veritable, qui cause ou produise leur existence. Or je dis que c'est là une Idée monstreuse, & qui ne peut tomber dans l'esprit. Car s'il étoit possible de concevoir

cevoir

cevoir dans une chose qui peut exister,
& que vous concevez comme pouvant
exister, quelque force capable de lui
donner l'existance, vous ne la concevez plus comme pouvant exister, mais
comme existante déja. Car si elle n'existoit pas, elle n'auroit & ne pourroit jamais avoir aucune force ni puissance.
Et si vous la concevez comme existante, cette force que vous y concevez capable de la faire exister, est une force
inutile; puisqu'elle existe déja. En un
mot, c'est une extravagance que de
concevoir une force en un sujet capable
de lui donner ou même de lui conserver
positivement son existence. Au reste je
ne parle que de l'existence du sujet, &
de la substance même, précisément
comme substance; car à parler proprement, il n'y a que la substance qui
existe, ses modifications n'existent que
par son existence. Par consequent cette premiere proposition de Spinosa ne
subsistant plus, tout le reste qu'il bâtit
dessus tombe en même temps.

Mais je veux bien que sa premiere
proposition soit bonne & raisonnable,

&

& que la conséquence qu'il en tire soit
juste & necessaire. Il est donc vrai qu'il
y a un être absolument infini, & non
pas seulement infini en son genre, ou
infini en perfection. Or si un tel être
existe, pourquoi Spinosa ne l'a-t'il pas
reconnu? pourquoi ne donner à cét
être infini en tout genre que deux pauvres attributs pour en composer sa nature? en un mot, pourquoi lui substi-
tuer un être seulement infini en son
genre, ou en deux genres tout au plus,
içavoir dans le genre de l'étenduë & celui de la pensée? Spinosa ne peut pàs
répondre à cela, en disant qu'il ne connoît pas quels sont les autres attributs
infinis de cét être absolument infini,
bien qu'il en ait d'infinis. Car s'il y
avoit un tel être, comme nous lui ap-
partiendrions, aussi découvririons nous
en nous cette infinité d'attributs: pour
le moins nous en découvririons un peu
plus que deux. Car il n'y auroit pas
plus de raison d'en découvrir deux que
quatre, que mille, que millions, tous
étant égaux, tous également infinis,
& composant également nôtre essence,

ce, & par confequent nous étant tous également connus. Il faut donc que Spinofa avouë que fa demonftration n'eft rien moins qu'une demonftration, & que ce n'eft qu'un pur fophifme, dont il a voulu nous tromper, encore qu'il vît clairement que c'en étoit un.

Mais il eft jufte de pouffer à bout ce miferable Sophifte, & de renverfer fur fa tête les machines qu'il pretendoit bâtir contre les autres. Adoptons donc ce fophifme pour un moment, & reconnoiffons qu'il eft raifonnable d'admettre plûtôt l'exiftence d'un être abfolument infini, que d'un fini. Mais cela fe devra-t'il étendre à tout ce qui eft, aux qualités & aux modifications des êtres, quelles qu'elles foyent? Et pourquoi non? Car ne paroît-il pas plus jufte & plus raifonnable d'admettre en quelque fujet que ce foit un nombre infini de modifications, & dans des degrés infinis, qu'un nombre fini, & dans des degrés finis? difons donc que la moindre portion de matiere que je puis defigner a des modifications infinies en nombre, & infinies en degrés. Donc elle

elle a toutes les sortes de mouvemens possibles, & les a dans des degrés infinis. Donc elle est aussi dans le repos au même temps qu'elle a tous ces degrés infinis de mouvemens divers, & tout opposés. Elle doit encore avoir des pensées infinies en toute maniere. Que s'il implique contradiction qu'elle ait toutes ces modifications tout à la fois : Que celles du moins qu'elle aura, soyent dans tous les degrés possibles, & compatibles avec elle. Par exemple, si elle a du mouvement, qu'elle en ait tous les degrés qu'elle peut avoir. *Mais,* dit Spinosa, *je ne parle pas des choses qui tiennent leur nature, & sont produites par des causes exterieures ; mais bien des substances seules, dont toute la perfection ne depend que de leur propre nature, au lieu que toute la perfection & l'existence par consequent des choses qui sont produites par des causes exterieures, en dependent entierement.* Cette réponse n'est qu'une pure defaite. Car comment & sur quelle hypothese cét Impie distingue-t'il ici des choses qui se produisent par des causes exterieures d'avec celles qui ne

s'en

s'en produisent pas ? Un homme comme lui, qui ne reconnoît qu'un seul être
& une substance unique, absolument
infinie, peut-il reconnoître des causes
exterieures qui produisent quelques
choses ? Cette substance unique n'agit
elle pas par elle-même, & par sa propre force, & par une force infinie, sur
elle même, sur tout ce qui en fait partie, sur tout ce qui lui apartient ? n'est-ce
pas elle qui se modifie toute seule, & se
modifie en des manieres infinies ? N'est
elle pas à elle-même le principe essen-
tiel, necessaire, & infini de toutes ses
operations, & de toutes ses modifications ? Que si quelque partie de cette
unique substance est dans l'impuissance
de se modifier, comme bon lui semble-
ra, qui lui donnera celle d'en modifier
une autre ? Sera-ce une autre, & celle-
ci aura-t'elle encore besoin d'un autre,
& ainsi à l'infini ? Mais qu'elle impertinence de dire & de croire que toutes
les parties d'une seule & unique substance absolument infinie, & par consequent toute puissante, ne soyent pas
égales & uniformes entr'elles ? Cette
puis-

puissance infinie n'en est donc pas un
veritable attribut ? autrement il se trouveroit également par tout.   Ce n'est
donc pas elle non plus qui se modifie ?
car autrement qui l'empêcheroit de se
modifier ici, & là, & par tout ailleurs,
comme il lui plairoit ; & de se modifier
non d'une maniere aussi bornée & limitée que nous le voyons , mais d'une
maniere infinie, ou du moins qui sur-
passeroit nôtre pensée ?

---

*Demonstrations de Spinosa touchant l'exis-
tence de Dieu, reformées & reduites
à leur vrai sens.*

Par le nom de *Dieu* j'entens l'Estre
infiniment parfait, ou doüé d'une
infinité d'attributs tous parfaits.

Par le mot d'*être* j'entens une veritable substance ; & par *substance* je n'entens pas seulement ce qui existe en soi,
& de soi même, car cela n'est rien dire,
c'est seulement expliquer les termes.
Je ne suis pas plus sçavant qu'auparavant, quand on m'a dit que substance

est

est ce qui existe en soi, ou comme parle nôtre Athée, ce qui se conçoit par soi même, & avant toute autre chose. Je ne suis gueres plus avancé, quand il me vient dire que la substance est une chose qui existe necessairement. Ce n'est pas ce que je demande, ni ce que je desire sçavoir. Je demande quelle est cette chose; ce qu'est cette substance, & quelle est son nom ? Ce n'est pas aussi assés, afin de me faire sçavoir ce que c'est que mode, que de me dire en general, que c'est une certaine chose qui n'existe que par une autre, & dans une autre. Tout cela est general & abstrait, & si je demande qui sont ces choses qui n'existent qu'ainsi, on ne m'apprend pas grand chose en m'apportant cette definition. Si je demandois ce que c'est que mouvement, on se rendroit ridicule si l'on me disoit que c'est une certaine chose qui n'existe que dans un sujet, & ne peut exister autrement. De même il me faut dire positivement qui est cette chose qu'on appelle Substance, qu'on dit être ce qui existe necessairement, & en soi & par soi, ce qui se

con-

.conçoit la premiere, & avant toute chofe.

Or quand je veux chercher ce que c'eſt, je me trouve que l'étenduë corporelle qui puiſſe être cette choſe qui exiſte ainſi par ſoi-même, & avant toute choſe, & comme la baſe & le ſujet de toute autre choſe, en un mot, dont l'Idée eſt la plus ſimple & la plus independente de toutes.

Par *attributs* j'entens toutes les proprietés qui déterminent une ſubſtance à être telle ou telle. Je n'entens pas comme Spinoſa ce qui fait la forme ou l'eſſence de la ſubſtance même conçûë ſimplement & nuëment. En effet la penſée par exemple ne ſçauroit être conçûë que comme une choſe dependente d'un ſujet & d'une veritable ſubſtance, elle la ſuppoſe, & par conſequent elle n'en peut faire la forme ou l'eſſence. Il n'y a que la ſeule étenduë corporelle qui ſoit cette forme là. J'entens donc toutes ces proprietés qui peuvent diſtinguer les ſubſtances, & en conſtituent les differences, comme ſont par exemple les attributs de la vie,

du

du mouvement, & de la penſée qui ſont eſſentiels à ſa ſubſtance divine, conçûë comme divine.

Je le repete encore ici, que je ne conçoi point d'autres attributs eſſentiels conſtituans la forme, ou l'eſſence de la ſubſtance, conſiderée ſimplement & nuëment comme ſubſtance, que celui de l'étenduë corporelle.

Par le mot de *perfection* je n'entens pas l'être quel qu'il ſoit, mais j'entens tout ce qui peut rendre plus ou moins noble & puiſſante une ſubſtance, & ſur tout ce qui la rend doüée de ſentiment & de connoiſſance, &c. Selon moi une pierre qui n'a ni ſentiment de ſoi, ni penſée, ni connoiſſance de ſon état, ni de quoi que ce ſoit, n'a aucune perfection eſſentielle, quoiqu'elle ſoit une ſubſtance. C'eſt une même choſe à ſon égard d'être ou d'exiſter comme de n'exiſter pas, ou d'être dans le neant.

Par le mot d'*infini* je n'entens pas une ſubſtance immenſe, & infiniment vaſte en étenduë, mais j'entens un nombre infini de perfections, qui peuvent avoir des degrés infinis. On peut

dire en ce sens-là que Dieu est l'être ou
la substance absolument infinie, non en
qualité de substance, mais en qualité
de perfections, le mot d'*absolument* tombant sur tout ce que l'esprit peut concevoir de perfection jusqu'à l'infini. Spinosa a insinué la même chose sur la fin
de sa seconde Demonstration; *Il est ab-*
surd, dit-il, *que l'être absolument infini, &*
souverainement parfait, *&c.* & dans la
troisiéme, *Nous ne sçaurions être plus*
assurés de l'existence d'aucun être, *que de*
celui qui est absolument infini, *ou souve-*
rainement parfait.

Premiere Demonstration de Spinosa reformée.

Tout cela supposé, je reforme ainsi
la premiere Demonstration de Spinosa.
Je laisse sa proposition onziéme telle
qu'il l'a couchée, Dieu ou la substance
doüée d'attributs infinis, dont chacun
exprime une essence éternelle & infinie, existe necessairement. La preuve
de cette proposition est évidente. Càr
si vous niez que cét être ou cette substance

ftance exifte , donc l'être infiniment
ou abfolument parfait n'exifte pas , ce
qui implique une manifefte contradiction.

Deuxième Demonftration.

La feconde, & qui peut être reduite
à la premiere, eft encore auffi évidente qu'elle. Si l'être infiniment ou abfolument parfait n'exifte pas, il n'en exifte donc que de finis en perfection. Ces
êtres feront donc plus puiffans & plus
parfaits que celui que l'on conçoit fouverainement parfait. Car l'un n'exifte
pas, & les autres exiftent. Or cela eft
encore une évidente contradiction.

Troifième Demonftration.

Sa III. demonftration auffi bien que fa
II. fe peut reduire à la premiere. Nous
ne fçaurions jamais être plus affurés de
l'exiftence d'aucun être, que de l'être
abfolument infini , ou fouverainement
parfait. Car tant s'en faut que l'Idée
de perfection empêche l'exiftence,

 qu'au

qu'au contraire elle l'emporte, sur tout quand on conçoit un être necessaire-ment tout parfait.

Il reste ce semble quelque scrupule sur la troisiéme Demonstration de Spi-nosa, car elle paroît prouver qu'un être absolument infini, doüé d'un nombre infini d'attributs infinis, comme l'é-tenduë & la pensée, existe necessaire-ment. Car si un tel être, ou une telle substance existoit, elle seroit simple-ment & absolument parfaite. Si donc elle n'existe pas, & s'il n'en existe que de finis en étenduë & en pensée, donc un être fini a plus de force pour exister que l'être infini. Il n'existe donc rien, ou s'il existe quelque être, il faut recon-noître que c'est l'être absolument infi-ni, infini en tout genre, qui existe.

J'ay ruiné le fondement de cette ob-jection en soutenant que la substance n'a aucune force pour exister, ou pour se donner ou conserver l'existence, à parler à la rigueur; & que ce langage là de Spinosa, *la Substance ou Dieu est cause de soi-même, ou de son existence,* est un pur galimatias, une chose contradictoire,

dictoire, & inintelligible à l'esprit. Or
comme je ne croi point d'autre substance que l'étenduë corporelle, c'est-à-dire solide, qu'elle soit grande ou petite,
finie ou infinie, cela ne la fait ni parfaite, ni imparfaite. Par consequent encore la simple existence de la substance
prise generalement & precisement, ne
renferme aucune perfection ou imperfection. Il faut donc d'autres attributs
& d'autres qualités pour la rendre parfaite ou imparfaite; & ces qualités
n'appartiennent nullement à la substance conçûë precisement & nuëment
comme substance. Ainsi concevons
nous le metal en general commé une
certaine espece de corps fait de telle &
telle maniere, &c. en faisant abstrac-
tion de toutes les especes singulieres des
metaux. Selon cette notion ou idée
generale ce qui fait un tel metal, de l'or
& de l'argent, n'appartient nullement
au metal generalement pris, ou à l'I-
dée generale & abstraite de metal.
Quoique cependant une telle & telle
proprieté constituë l'essence d'un tel
& tel metal, comme l'or ou l'argent,

de même les attributs essentiels à la substance divine, ou à l'étenduë corporelle de l'Estre divin, n'appartiennent
nullement à sa substance conçûë préci-
sement sous l'Idée simple de substance.
Et tout au contraire, l'insensibilité &
l'immobilité de la Matiere ne lui appartient pas entant que simple substance,
ou sous l'idée précise & abstraite de substance : Car si cela étoit, tout ce qui
seroit substance, seroit neçessairement
immobile & insensible; bien qu'elles
lui appartiennent en tant qu'elle est
matiere, & une substance distincte de
Dieu.

L'on pourroit donc soûtenir, direz
vous, que toute la substance de Dieu
n'est pas plus étenduë qu'un atome.
Car si la grandeur ou la petitesse de l'é-
tenduë ne fait rien à sa perfection, pourquoi ne seroit elle pas un atome, aussi
bien qu'une étenduë infiniment plus
grande? Je repons, que quoique l'é-
tenduë finie ou infinie, grande ou petite ne renferme en soy aucune perfection à raison de sa grandeur ou petitesse,
l'étenduë neanmoins est le sujet de tou-

tes

tes les perfections, qui peuvent se trouver en une substance, elle en est la base
& le soûtien ; car sans l'étenduë il
n'en pourroit exister aucune. Par consequent il faut proportioner en quelque
maniere l'étenduë au nombre des perfections qui se trouvent en elle. Or
Dieu ayant un nombre infini de toutes
sortes de perfections, & les pouvant
deployer continuellement en des degrés toûjours plus parfaits, sans y trouver jamais de terme, quoiqu'il ne soit
pas necessaire de lui donner pour cela
une étenduë absolument infinie, il faut
neanmoins reconnoître de toute necessité qu'il doit en avoir une si vaste & si
immense, q'elle est à nôtre égard infinie, ou plûtôt *indefinie*. Et c'est ici que
ce terme Cartesien mal appliqué à la
substance de la matiere, que les hypotheses Cartesiennes doivent faire dire
hardiment être absolument infinie,
peut être justement employé. En effet
la substance ou l'étenduë de Dieu est
veritablement *indefinie* à mon égard,
bien qu'elle ait des bornes, & que je
n'en puisse douter, puisque je suis, &

                    ce

ce moi qui fuis, n'eft pas Dieu. Si Dieu n'étoit qu'un atome, comment pourroit-il mouvoir & agiter en un moment toute la vafte étenduë de la Matiere? Comment lui-même qui eft le premier mobile, & le principe de tout mouvement fe pourroit-il mouvoir en toutes les manieres & les formes qu'il voudroit? Comment enfin toutes les idées infinies de cét efprit infiniment intelligent, pourroient-elles fe former & fubfifter dans un atome, & même dans quelque chofe de moins?

Des perfections infinies, me direz vous, peuvent donc fe trouver dans une étenduë finie? Cela eft-il fi difficile à concevoir, puifque ces perfections ne font pas elles-mêmes des étenduës? Un petit corps ne peut-il pas avoir une force de mouvement prefque infinie, à l'égard d'un autre incomparablement plus grand que lui?

Mais pourquoi l'étenduë de la Matiere n'eft-elle pas infinie? Pourquoi non celle de Dieu? Je repons, qu'il n'y a point de raifon à rendre de ces fortes de chofes. Et pourquoi la fubftance infinie

finie de Spinosa, son Dieu, ou plûtôt son idole, n'a-t'il que deux attributs essentiels & infinis, l'étenduë & la pensée? Pourquoi un corps qui est en repos ne se remuë-t'il jamais, s'il n'est poussé par un autre? Pourquoi & comment les corps perdent-ils de leur mouvement à mesure qu'ils se touchent & se frappent les uns les autres? Pourquoi même & comment un corps en mouvement en fait-il mouvoir un autre? Car ne pourroit-il pas le choquer, & toûjours être repoussé, & ainsi conserver éternellement son propre mouvement?

DE
L'IDÉE
QUE NOUS AVONS DE
D'IEU,
CONTRE
DESCARTES.

 Uisque je suis entré si a-
vant dans cette Matiere
de l'exiſtence de Dieu, &
que toutes les demonſtra-
tions de Spinoſa, telles
qu'il les a propoſées, & telles que nous
les avons renfermées reviennent à ce
grand argument du ſçavant Anſelme,
& que Deſcartes a voulu adopter, mais
qu'il a ſi mal conçû, & ſi mal tourné,
que ceux à qui il a eu affaire n'ont pas
eu beaucoup de peine à le repouſſer, &
à le tourner en ridicule. L'on ne ſera
pas faché, comme je croi, ſi je l'examine ici, & ſi je le rétablis dans toute
ſa force, autant du moins que je le pourrai faire. Pour y mieux réuſſir, je dirai
d'abord quelque choſe des Idées en general.

Par

Par Idée de l'esprit je n'entens autre chose que la perception même de tout ce que l'esprit connoît : ainsi la pensée & l'idée ne sont qu'une même chose. Cependant quelque simple que soit l'Idée, & quoiqu'elle ne soit qu'une seule & même chose avec la pensée ; je croi neanmoins qu'il y a quelque difference de raports & d'égards à faire entre pensée & idée. C'est que le terme de pensée signifie proprement & directement l'action & l'operation de l'esprit, comme une chose qui vient d'elle, & de sa propre nature, sans aucun autre raport à quoi que ce soit. Mais celui d'Idée ne signifie pas simplement l'action & la perception de l'esprit, mais il exprime aussi la forme & la representation de l'objet qu'elle connoît. En effet, l'Idée est la perception de ce que l'ame aperçoit, selon ce qu'il est ; & par consequent elle emporte avec soi comme la forme & l'image de l'objet qui est aperçû. Je ne pense pas qu'on veuille me contester ces deux choses.

Voyons donc si nous avons des Idées in-

innées pour parler ainſi, je veux dire
des Idées de certaines choſes qui ſont
hors de nôtre ame, & leſquelles Idées
lui ſoyent eſſentielles, neceſſaires & in-
ſeparables de ſa nature. Deſcartes ſoûtient l'affirmative ; c'eſt pourquoi il
diſtingue deux ſortes d'Idées en nous,
les unes *innées*, & les autres *accidentel-*
les, ou qui naiſſent en nous avec le
temps. Il dit que nôtre eſprit connoît
par le moyen des premieres c'eſt que
c'eſt que verité, choſe, penſée, Dieu, &c.
& par le moyen des ſecondes, tous les
autres objets qui ſont hors de nous.

Mais Deſcartes a pris pour des Idées
veritables des mots & des paroles, &
rien plus ; parce que ces mots penſée,
choſe, verité, Dieu, ne ſignifient rien
qu'entant qu'elles marquent en particulier quelque choſe, ou une multitu-
de confuſe de choſes ſingulieres. Mais
quand cela ne ſeroit pas, eſt-ce que
l'eſprit ne peut pas ſe former des Idées
generales aprés la perception des choſes particulieres ? au contraire ce n'eſt
que par cette voye qu'elle s'en forme de
telles.

Mais

Mais quoi dés que Dieu a formé un esprit, c'est-à-dire, un être pensant, ne pense-t'il pas d'abord? Assurement: c'est pourquoi je tiens que l'esprit a d'abord l'Idée & la perception de soi-même. Il sçait qu'il existe, il le connoît évidemment; mais c'est tout ce qu'il en sçait, & c'est la seule & unique Idée que nous pouvons dire lui être naturelle, essentielle & inseparable. Toutes les autres lui viennent dans la suite du temps, & les unes aprés les autres. Celle de Dieu même.

Mais accordons à Décartes que nous avons d'autres Idées innées. S'ensuit-il que celle de Dieu est de ce nombre-là? quelle en est la preuve? pour moi je n'en voi aucune. *Quand je pense,* dit-il, *j'ay l'Idée de l'Estre infini, & souverainement parfait.* Que veut dire ce Philosophe? est-ce que dabord que l'ame pense elle a cette Idée? mais c'est de quoi l'on dispute, & ce qu'il ne faut pas encore supposer. Est-ce que toute pensée renferme l'Idée de l'être infini? c'est encore de quoi il s'agit, & c'est même une chose visiblement fausse.

Est-ce

Est-ce donc enfin que nôtre ame peut former l'Idée d'un être souverainement parfait ? Mais si Décartes ne veut que cela, il l'obtiendra aisément, car c'est justement ce que nous voulons. Mais ce n'est gueres ce qu'il doit prouver. Car il entreprend de nous convaincre que nous avons cette Idée de Dieu, de Dieu même, & sans que ce soit nôtre ame qui la forme. *Je ne suis pas*, dit-il, *la cause de cette Idée, parce que je ne suis pas si parfait que son objet l'est*; & là dessus ce Philosophe nous parle de *réalité formelle*, & de *réalité objective*, mais d'une maniere à fairé pitié à ceux qui entendent parfaitement ces termes, & que ce pauvre Metaphysicien n'entendoit pas trop bien. Je répons que nôtre esprit forme lui-même l'Idée de l'être infiniment parfait. La perfection de l'objet connu, & superieure, ou plus excellente que l'esprit qui le connoît n'empêche nullement qu'il ne s'en forme l'Idée. Décartes ne se forme-t'il pas l'Idée d'un esprit pur, d'un ange, qui est plus parfait que le sien ? Faut-il donc que mon esprit soit infini pour con-

connoître l'infini ? Faut-il qu'il ſoit
mouvement pour en avoir l'Idée ? &
corps pour appercevoir les corps ?
*Mais ſi mon eſprit étoit la cauſe de cette
Idée, elle devroit pour le moins avoir autant de réalité formelle, qu'il y en a d'objective en l'Idée ?* Il n'y a pas le petit mot
à dire à cela ; & voila la plus fine & la
plus ſubtile Metaphyſique qu'on pourroit apporter. Mais raillerie à part, je
ne ſçai ou Décartes a trouvé ce galimatias, où il n'y a ni ſens ni raiſon. Que
veut-il nous dire par *des realités formel-
les, dans la cauſe d'une Idée, & des realités objectives dans l'Idée même ?* Il n'y a
point de realité formelle à bien parler
dans la cauſe de mes Idées, dans mon
eſprit, ou mon entendement. Il n'y en
a point d'objective en ſes Idées : car la
realité objective eſt celle de l'object qui
eſt hors de mon eſprit, & generalement parlant toutes les Idées de l'eſprit, n'étant que des penſées actuelles,
elles ne ſont que des modifications actuelles de ſa ſubſtance, dont par conſequent il n'y a point d'autre realité formelle, que celle de leur propre ſubſtan-

G   ce,

ce, ou du sujet dont elles sont des modifications.

Aprés tout Décartes ne voit pas
qu'en disant que son esprit se contem-
plant, & remarquant qu'il lui manque
quelque perfection, par cela même
a l'Idée d'un être plus parfait que le
sien, il ruine son hypothese. Car jamais son esprit ne verroit qu'il lui manque quelque chose, s'il ne se connoif-
soit, & ses proprietés. Il faut donc qu'il
forme des Idées de tout ce qu'il est,
avant que de trouver celle de Dieu.
Mais outre cela je soûtiens qu'il est impossible qu'un esprit qui n'a encore que
la seule & simple Idée de soi, en puisse
jamais rien déduire; au contraire tout
de même qu'un aveugle né ne sçauroit
deviner ce que c'est que couleur & lumiere, ni un sourd ce que c'est que son:
De même un esprit qui se connoît seulement être un esprit, ou bien une chose
pensante, n'auroit jamais d'autre Idée
que celle-là, & ne connoîtroit rien de
plus ni de moins parfait que soi. Il est
donc constant que c'est par le moyen
de la vûë & de l'impression d'une infinité

nité d'autres objects, que nous découvrons qu'il y en a de plus ou moins parfaits, & que nous formons ainfi l'Idée de l'être fouverainement parfait. Et quoique ce foit nôtre ame qui forme cette Idée, elle n'en eft pas moins veritable, & nous n'en devons pas moins conclure l'exiftence de Dieu.

En effet il implique contradiction que l'être infiniment parfait, & auffi parfait que l'efprit le peut concevoir n'exifte pas neceffairement. Car s'il n'exiftoit pas, quelles perfections auroit-il? mais mettons cette preuve en fon jour. *Demonftration de l'exiftence divine.*

Je dois hardiment affirmer & tenir pour vrai tout ce que je conçoi clairement & diftinctement, pourvû que je le conçoive ainfi. Or je connois clairement & diftinctement que l'être que je conçoi infiniment parfait, doit exifter actuellement & neceffairement, & il eft vrai que je connois cela clairement & évidemment. Je doi donc affurer hardiment que cét être exifte de toute neceffité. On ne fçauroit autrement répondre à cét argument qu'en me

niant que mon esprit puisse former l'I-
dée d'un être souverainement parfait.
L'on dit donc que nôtre esprit n'a point
d'Idée d'un être infini, ni par conséquent de Dieu. Mais c'est là nier ce
que l'on sent en soi-même. Car il est
évident que nôtre ame se forme aisément & évidemment l'Idée d'un être
plus parfait que tout ce qu'elle est, &
ce qu'elle voit; & que cét être possede
des perfections infinies, bien qu'elle
ne les comprenne pas distinctement.
Tout de même que supposé que la matiere ait des bornes à son étenduë; Je
conçoi clairement & distinctement
qu'il y a hors d'elle des espaces infinis,
quoique je ne les puisse pas bien distinctement imaginer, ni comprendre. Je
suis neanmoins certain qu'il y a un infini. Je n'en puis douter, & tout au contraire supposé qu'espace, vuide, corps &
matiere ne sont qu'une même chose, je connois évidemment qu'elle est
infinie, quoique je ne puisse pas bien
imaginer tout cét infini.

　　Vous me direz, que si les êtres que je
puis concevoir plus parfaits que moi,
doi-

doivent exiſter, il s'enſuivroit que nous
verrions des hommes qui ſeroient auſſi
grands que des montagnes, qui ne ſeroient jamais malades, & qui ne mou-
riroient jamais. Cette objection eſt fri-
vole, car je ne raiſonne pas ainſi. J'ay
l'Idée d'un être plus parfait que moi,
donc toute ſorte d'être plus parfait que
moi doit exiſter. Mais je raiſonne ainſi:
J'ay l'Idée d'un être infiniment plus
parfait que moi, & auſſi parfait qu'on
le peut concevoir; or je le puis concevoir ſi parfait que ſon exiſtence ſoit abſolument neceſſaire, donc je dois dire
hardiment qu'il exiſte, & qu'il exiſte
de toute neceſſité. Pour tous les autres
êtres que je puis concevoir comme plus
parfaits que moi, je ne les conçoi nullement comme exiſtans de toute neceſſité. Je ne conçoi leur exiſtence que
comme poſſible. Et je ne me trompe
nullement à la concevoir ainſi. Par
conſequent je puis dire hardiment que
tous ces êtres peuvent exiſter. Ce n'eſt
pas que mon eſprit faſſe la poſſibilité,
impoſſibilité ou neceſſité de leur exiſtence; mais c'eſt que la connoiſſance

G 3

claire

claire & diſtinĉte qu'il en a, eſt pour
lui un indice certain & infallible qui le
convainq de la poſſibilité ou impoſſibilité de leur exiſtence. Et cela ne fait
que fortifier ma demonſtration. Car
comme il eſt inconteſtable que j'ay
droit de dire d'une choſe que je conçoi
comme poſſible, qu'elle peut exiſter,
& qu'elle ne peut pas exiſter, ſi je la conçoi comme impoſſible ou contradictoire, de même je dois dire hardiment
ſi je conçoi clairement & évidemment
une choſe exiſtante neceſſairement,
que donc elle exiſte, & que je ne me
trompe nullement à le dire. L'évidence
& la certitude de ma connoiſſance eſt
la marque neceſſaire & évidente de la
qualité, & de la nature de l'objet que
je conçoi.

Il n'y a pas moyen de parer ce coup,
de quelque maniere qu'on s'y prenne,
ou bien il faut qu'on diſe que nôtre eſprit ne peut pas concevoir ni être ſi parfait, qu'il exiſte de toute neceſſité : &
que c'eſt une contradiction que de ſe
former l'Idée d'un être ſi excellent qu'il
doive aĉtuellement & neceſſairement
exiſter.

exister. Ou bien enfin qu'il est faux que
nous devions affirmer sans crainte tout
ce que nous connoissons clairement &
évidemment. Mais quand on viendra
about de ces deux choses, l'on viendra
aussi about de la quadrature du Cercle.

Enfin ou l'existence de Dieu est une
chose impossible & contradictoire, ou
non : si elle est impossible, il faut marquer quelle est cette impossibilité. Or
je soûtiens moi que c'est une contradiction de dire que cette existence soit impossible. Pourquoi ? parce que par
l'existence divine je n'entens que l'existence d'un être le plus parfait qu'on
puisse concevoir. Or si elle n'est point
impossible ; il faut donc hardiment affirmer, que cét être existe de toute necessité. Et pourquoi ? parce que par
l'existence divine j'entens une existence
necessaire. Est-ce que je ne puis avoir
l'Idée d'une existence necessaire ? Y
a-t'il là de la contradiction ? Je defie
tout ce qu'il y a d'Athées au monde de
pouvoir repliquer à ces demonstrations, quelque tour qu'ils prennent,
& quelque effort qu'ils fassent.

G 4

Mais

Objecti-
ons con-
tre les
hypothe-
ses de ce
traité.

Mais je ne suis pas encore about de cette matiere de l'existence divine. Car comme j'ay supposé jusques ici, que Dieu est une substance étendüe & bornée, je voi bien que Messieurs les Cartesiens viendront à la charge sur moi.

I. Obj. Premierement ils me soûtiendront que la matiere est une étendüe infinie, & que tout ce que j'appelle espace, qui tantôt occupe un corps, & tantôt n'en occupe aucun, est matiere & corps même, parce qu'il en a toutes les proprietés, sçavoir les trois dimensions, la largeur, la longueur, la profondeur.

II. Obj. En second lieu, ils me soûtiendront que Dieu étant un être infiniment parfait, il ne doit avoir aucune étendüe corporelle, ni rien de tout ce qui suit l'étendüe corporelle. Cette étendüe étant une chose indigne de Dieu, aussi bien que tout ce qui en est une suite, comme la divisibilité & le mouvement. En un mot, que Dieu est une pure pensée, un pur être pensant, sans aucune étendüe quelle qu'elle soit.

III. Obj. En troisiéme lieu, que la pensée est une substance diverse & différente de celle

celle de l'étenduë corporelle. Pourquoi? parce que la pensée ne renferme
rien en elle d'étendu, ou de corporel;
& que dans l'Idée que nous avons de la
pensée, nous n'y appercevons en aucune maniere l'Idée de l'étenduë, ou
du corps. Or si la pensée étoit une proprieté qui peut être dans une substance
corporelle, & en émaner, nous ne
pourrions jamais avoir de pensée,
ni aucune Idée de ce que c'est que pensée, que nous n'y trouvassions en même
temps celle de la substance corporelle
ou étenduë, soit directement, soit indirectement. Pourquoi cela? parce que
si la pensée étoit la proprieté d'une substance corporelle & étenduë, chaque
pensée ne seroit qu'une modification de
cette même substance. Or la nature
des modifications est telle, qu'on ne
les sçauroit jamais concevoir, ni s'en
former d'Idée qu'on ne conçoive le sujet, & la substance dont elles sont des
modifications. Par exemple le mouvement étant une proprieté de l'étenduë
& une de ses modifications, nous ne
sçaurions jamais le concevoir, que nous

G 5 ne

ne concevions en même temps le corps & l'étenduë même.

IV. Obj.   En quatriéme lieu l'on dit que s'il y avoit une autre substance éternelle & independente, que celle de Dieu, il y en auroit deux, ou plûtôt qu'il n'en faudroit point reconnoître d'autre que celle de la matiere. Pourquoi? parce qu'étant necessaire & éternelle, elle est infinie & souverainement parfaite. Car qui lui auroit donné des bornes, qui l'auroit limitée, si elle existe par elle même? rien assurement.

Reponse à la I. Object.   Je repons à la premiere Objection, & je dis que Messieurs les Cartesiens supposent *gratis* que toute étenduë quelle qu'elle soit, & quelle que l'esprit puisse concevoir est matiere & corps même. Il y a autant de difference entre l'étenduë corporelle & celle de l'espace qu'il y en a entre la chose qui contient, & celle qui est contenuë. La substance corporelle est une étenduë solide, impenetrable, & mobile. Celle de l'espace est immobile, penetrable, & sans resistance. En voulez-vous la preuve? la voici. J'ay une idée claire & évidente

d'un

d'un espace distingué de tout corps qui peut y être compris; & qui peut aussi en être absent. Or tout ce que mon esprit conçoit clairement & distinctement est certain & veritable. Peut-être que mon esprit se trompe direz-vous, & que ce n'est qu'un corps qu'il conçoit en concevant ce qu'il appelle espace ou étenduë incorporelle. Bagatelle. Mon esprit ne sauroit concevoir un corps solide & impenetrable, en penetrer un autre. Mais il conçoit parfaitement bien qu'un corps occupe & penetre tout l'espace proportionné à sa dimension, & à sa capacité; & que cét espace peut successivement être occupé par d'autres semblables, ou même n'être occupé de qui que ce soit.

L'Idée du mouvement nous convainq encore mieux de cette verité. Car le mouvement n'est autre chose que le transport d'un corps d'un lieu, ou d'un espace en un autre. Le mouvement n'est que cela seul, & il n'y en a point sans cela. Puisque donc il est clair que le corps par

cela

cela feul eft dans le mouvement, qu'il quite le lieu ou l'efpace qu'il occupoit auparavant, & vient de remplir un autre : Il eft clair par confequent qu'autre chofe eft l'étenduë de l'efpace ou du lieu, & autre celle du corps même.

Les Cartefiens repliquent que le mouvement n'eft pas ce que nous avons dit, mais bien le tranfport d'un corps du voifinage de ceux qu'il touchoit, & que l'on conçoit comme étant en repos. Admirable definition, & digne de la fubtilité de Décartes ! Quoi donc fi Dieu n'avoit créé qu'un corps, une pierre, par exemple, eft-ce que ce corps ne pourroit jamais avoir de mouvement quel eftort que Dieu fît pour le mouvoir ? car il n'y auroit aucun corps voifin de lui, & qui pût être conçû comme en repos. Que veut encore dire ce Philofophe par cette queuë, *que ces corps voifins font conçûs comme en repos ?* car je demande ce que c'eft que mouvement ? & ne fçachant pas ce que c'eft, puis-je fçavoir ce que c'eft que repos ? Comment fçaurai-je que ces corps font meus ou en re-

pos,

pos, fi je ne puis fçavoir ce que c'eft
que d'être en mouvement ? Plaifante
definition ! felon laquelle je puis auffi
veritablement & juftement dire que
des corps que Dieu auroit mis en repos,
font meus comme ceux qui effectivement le font. Comment donc ? le voici. C'eft que fi un tel corps eft dit être
meu, parce qu'il s'éloigne du voifinage de ceux qu'il touchoit, &c. n'eft-il
pas évident que ceux qu'il touchoit en
touchent incontinent d'autres, & par
confequent font auffi dans le mouvement, puifqu'ils changent également
de voifinage. Voila ce que c'eft que
d'être Philofophe à la Cartefienne,
c'eft que pour vouloir être trop fubtil,
on perd le fens commun.

Je fuplie ces Meffieurs de me dire s'il
n'eft pas vrai que Dieu a eu une liberté
toute entiere de donner tel ou tel mouvement à la matiere au cōmencement
de fa Création? ils ne le fauroient nier. Il
pouvoit donc donner à toute la matiere
un mouvement en ligne droite. Mais
où la matiere feroit-elle allée fi elle avoit
eu ce mouvement, & s'il n'y avoit point
d'ef-

d'espace hors d'elle capable de la recevoir. Mais supposons que Dieu ne lui ait pû donner qu'un mouvement circulaire, comment encore peut elle être dite & conçûë dans le mouvement? Car enfin si toute la matiere est meuë circulairement, il n'y a aucun corps à son égard qui en soit touchée, & dont elle puisse quitter le voisinage.

Je leur demande encore si Dieu ne peut pas aneantir tout le mouvement qui est dans la matiere? ils ne le sçauroient nier. Or cela supposé, Dieu ne peut-il pas encore aneantir une petite partie de la matiere, une pierre, un grain de sable par exemple? Le peuvent-ils nier? Ils n'oseroient assurement. Voila donc un espace vuide, & un lieu qui n'est plus rempli. Mais, disent-ils, puisqu'il n'y a rien entre les autres corps qui existent, ils se touchent donc. Quelle impertinence? Il est vrai qu'il n'y a rien entr'eux, mais il est vrai pourtant qu'il peut y avoir quelque chose, puisque l'on peut y placer un autre corps semblable au premier que nous avons supposé

posé aneanti ; puisque l'espace & la distance y demeure toûjours , & que Dieu n'a donné aucun mouvement aux corps voisins? Est-ce donc que sans mouvement ces corps se sont approchés , & joints ensemble ? Qu'est-ce que ces Philosophes entendent par ce mot de *rien* employé dans cette occasion ? ils ne peuvent dire autre chose, sinon qu'il signifie *nul corps*. Ainsi ces Messieurs ne répondent à la difficulté qu'on leur fait , & qu'on oppose à leur these , qu'en supposant ridiculement la these même. Deux corps se doivent joindre & toucher immediatement s'il n'y a rien entr'eux , c'est-à-dire, s'il n'y a aucun corps qui soit entr'eux. Peut on avancer une chose plus fausse & plus évidemment fausse dans nôtre supposition ? j'avouë que deux corps se doivent immediatement joindre s'il n'y a rien entr'eux, s'il n'y a aucun corps, & si en même temps on ne peut rien mettre entr'eux sans les separer & les éloigner comment que ce soit.

Cette objection est si forte qu'elle reduit nos Cartesiens à nier que
Dieu

Dieu puisse aujourd'hui aneantir un grain même de sable, qu'il n'aneantisse toute la matiere, autrement il y auroit du vuide, & toute étenduë ne seroit pas corps. Cela étant il s'ensuit encore que Dieu en voulant créer des corps, n'a pas eu le pouvoir de n'en créer que deux ou trois. En un mot, il n'a pas eu le pouvoir de ne créer qu'un atome, il a seul été necessité à créer une étenduë infinie.

Mais ce qui n'est rien peut-il être conçû par l'esprit, & avoir quelques proprietés? assurement, & c'est de-là que vient cét axiome, que de rien on ne fait rien. Mais cela, direz-vous, est nier toute sorte de proprietés de ce qui n'est rien. Soit, je dirai donc que toutes ces proprietés que mon esprit attribuë à l'espace ne lui sont attribuées qu'improprement, & que proprement & positivement elles conviennent aux corps, mais qui ne les auroient jamais sans cét espace.

Dans cét espace n'y trouvez-vous pas une distance réelle, & toutes les dimensions réelles des corps? Je répons que

que si par *distance réelle* on n'entend simplement qu'une veritable distance, & non une distance imaginaire, il est vrai que dans cét espace l'esprit y en apperçoit une tres-veritable. Mais si par le mot de *réelle* on entend une distance qui soit veritablement une chose positive, une substance réelle, & positive, un vrai corps, c'est ce que je n'y apperçoi point.

Je répons à la deuxiéme Objection, qu'il n'y a rien dans l'étenduë corporelle indigne de Dieu : autrement pourquoi Dieu l'auroit-il produite? C'est dites vous par cela même qu'elle est indigne de lui. C'est par sa creation & sa production que j'en concluë son indignité. Dieu donc ne pense point non plus. Car il a créé une chose pensante, & une chose tout-à-fait distincte de lui-même. Au contraire, puisque Dieu n'a produit l'étenduë que par une puissance infinie, & infiniment efficace & agissante, il faut necessairement qu'elle soit d'une excellence infinie. Est-ce qu'un effet d'une puissance infinie, & n'agissant que comme infi-

H

nie,

nie, ne seroit pas infini? Je dis le même du mouvement. Et pour la divisibilité je ne voi pas qu'elle soit une suite
necessaire de l'étenduë : au contraire,
il me semble que l'Idée de l'étenduë
emporte l'indivisibilité. En effet la divisibilité est quelque chose d'opposé à
l'étenduë, puisqu'elle en separe les parties, & par consequent en change la
nature & l'essence. Car l'essence du
corps consiste à avoir ses parties immediatement posées les unes auprés des
autres.

Quant à ce que ces Messieurs avancent que Dieu n'est qu'une pure pensée, & qu'il n'existe en aucun lieu à
parler proprement, c'est la derniere
extravagance pour ne rien dire de pis.
Je sçai que Décartes a dit quelque part
qu'on ne pouvoit attribuer d'autre
étendue à Dieu que celle qu'on peut attribuer aux qualités & aux modifications des substances étenduës. Il dit
qu'on ne sçauroit concevoir la Divinité
que comme une vertu qui s'applique
successivement aux parties de l'univers.
Il dit enfin que Dieu ne peut être dit
étendu

étendu que comme on le dit du feu qui est dans un morceau de fer , qui n'a point d'autre extension à parler proprement que celle du fer même. Voila le secret de Décartes , & le mystere de toutes ses hypotheses. C'est en bon François , qu'il n'y a point d'autre Dieu que toute la nature , dont la vertu n'en est qu'un mode , & n'existe que comme un mode , qui ne sçauroit subsister ni se concevoir sans le sujet & la substance où il est.

Mais avant que Dieu eût créé une matiere , il ne pouvoit coëxister , si j'ose ainsi parler , ni être coëtendu à quoi que ce soit. Il n'y en avoit donc point. Car ôtes le sujet des modifications , les modifications perissent aussi.

Peut-être ces Messieurs me répondront hardiment avec Rohault que la creation est une chose inconnuë à l'esprit , & que l'Idée qu'ils ont de l'étenduë & de l'étenduë infinie est absolument independente de celle de la creation. Je le veux. Cela est vrai dans mon sentiment. Mais je ne voi pas que cela ruine la force de mon objection, sçavoir, que Dieu n'eſt autre choſe que la nature, & que s'il en eſt la force, le mouvement par exemple, il n'a point de propre exiſtence, & ne ſubſiſte qu'en un autre ſujet, lequel exiſte de ſoi-même & par ſoi-même.

Cette difficulté eſt inſurmontable à tous les Carteſiens, à ceux particuliere-ment qui ſoûtiennent que Dieu eſt lui ſeul la force mouvante de tous les corps. Car il eſt impoſſible que Dieu ſoit une telle choſe, & ne ſoit pas neanmoins un mode inſeparable de la ſubſtance étenduë. Par conſequent il faut que Dieu ait toûjours eu une matiere, dont il ait été la force mouvante. Ou bien qu'il ait lui-même une ſubſtance éten-duë, toûjours mouvante, qu'il appli-que tantôt à ces autres parties de la ma-tiere, & tantôt à celles-là. Ce que les Carteſiens ne ſçauroient admettre, ſans ruiner leur ſyſteme de fonds en comble. Quoiqu'il en ſoit il implique contradic-tion que le mouvemét ou la force mou-váte n'exiſte dans une ſubſtáce étenduë. Qu'on ne me vienne pas dire que Dieu n'étoit pas cette force mouvante actuellement

lement avant la production des corps? Car Dieu selon eux est un acte pur, éternel, & immuable ; & toutes ces perfections sont actuellement & dans un degré éminent en lui. D'ailleurs quand cela seroit il s'ensuivroit toûjours que Dieu d'incorporel qu'il étoit avant les corps, est devenu corporel avec eux : Puisqu'il en est devenu la force mouvante, & le mouvement même qui n'est que cette même force, & qui neanmoins n'existe que dans un sujet corporel.

Qu'ils me disent enfin comment une simple pensée a pû créer l'étenduë? Mais, dites-vous, c'est une pensée toute puissante. Je le veux. Il s'ensuivra seulement qu'elle pensera à soi-même, se comprendra tout entiere & rien plus. Car pour l'étenduë corporelle n'en voyant rien en soi, n'en appercevant pas la moindre ombre en son essence, où & comment cette pensée l'auroit-el- le pû appercevoir & trouver? & s'il l'a apperçûë en soi-même, elle n'est donc pas indigne de Dieu, puisqu'elle est en lui, & y est actuellement, & plus

parfaitement fans comparaifon qu'en
nous, ou hors de lui.

Mais voici l'Achille des Cartefiens,
c'eft que la fubftance étenduë eft incapable de penfer. Pourquoi cela? parce que je ne voi dans l'Idée de l'étenduë
que de la largeur, de la longueur, &
de la profondeur. Je n'y voi que cela
non plus: mais il y peut bien avoir d'autre chofe que nous ne pourrions pas
voir fi clairement. Et quand on dit que
l'Idée de l'étenduë ne renferme que de
la largeur, de la longueur, & de la
profondeur, on n'en doit tirer autre
chofe finon que c'eft là tout ce qui fait
fon effence & fa fubftance, generalement & précifément parlant; mais
qui avec tout cela peut avoir d'autres
proprietés felon le genre ou l'efpece de
fubftance qu'elle conftituë. Car alors
l'Idée que je formerai d'une telle fubftance pourra renfermer celle de la
penfée, & de l'attribut de la penfée.

Mais l'Idée de la penfée ne renferme
en aucune maniere celle de l'étenduë
corporelle. C'eft ce que je nie tout à
plat. Je foûtiens au contraire que nous
n'a-

n'avons aucune penfée qui ne renferme
directement ou indirectement, diftinctement ou confufement celle de l'é-
tenduë, ou des chofes qui ont un rapport effentiel à l'étenduë, & ne fe peuvent concevoir fans elle. Et de la je re-
torque l'argument contre les Cartefiens, & je dis que s'il n'y a aucune penfée que l'efprit puiffe former, laquelle
ne renferme en quelque forte directement ou indirectement, diftinctement
ou confufement l'Idée de la fubftance
corporelle, ou des chofes qui arrivent
à cette fubftance: Il eft manifefte que
c'eft une modification de la nature corporelle. Qu'on m'apporte un exemple
& une inftance d'une ou deux penfées,
où je ne puiffe pas faire appercevoir
cette Idée de la fubftance corporelle,
ou de ce qui lui arrive. Me marquera-t'on l'Idée de Dieu? mais je n'en ay
point d'autre, & n'en fçaurois avoir
que d'un être ou d'une fubftance étenduë. Si je le conçoi comme un être
penfant, & infiniment penfant, je le
conçoi donc penfant & connoiffant
tout ce qui fe paffe dans les corps, &

H 4

voila

voila l'Idée de la substance corporelle u-
nie à cette pensée. Si je le conçoi cõme
l'acte ou la force moûvante des corps,
je voi clairement que cette Idée renferme celle de la substance corporelle,
puisque sans elle le mouvement, ou ce
qui est une même chose, la force mouvante des corps, ne sçauroit exister un
seul moment. Me marquera-t'on l'Idée
d'un Chiliagone? Mais je ne puis en
avoir aucune Idée sans celle de quelque
quarré, c'est-à-dire, de quelque figure, & par consequent sans rapport à
l'Idée de l'étenduë. Je dis la même
chose des nombres, & de tout ce que
vous pouvez vous imaginer de plus abstrait dans l'algebre.

Mais, dit-on, la pensée n'est ni lon-
gue, ni ronde, ni quarrée, ni verte,
ni jaune, &c. Il est vrai qu'elle n'est à
parler proprement ni ronde, ni quarrée, mais elle est pourtant la perception du rond & du quarré, otez moi
donc toute substance corporelle, comment auriez-vous ces sortes de perceptions? Pour ce qui est du verd & du
jaune, j'avouë qu'elle n'est pas non plus
verte

verte ou jaune, mais elle en est pourtant la perception. Otez moi donc tout corps coloré, où est ce qui vous en prendrez l'Idée. Mais je me trompe ici, car je doi dire aux Cartesiens que c'est la pensée seule, c'est l'ame seule qui est verte & jaune, noire & blanche, parce que verd & jaune ne sont que des sentimens de l'ame même, n'y ayant aucune couleur veritable dans les corps. Je puis dire de même qu'il n'y a ni mouvement ni repos dans les corps, & que tout cela n'est que des sensations de mon ame, qui pose ces sortes de choses dans les corps, comme il y pose le rouge, le verd, & le jaune. Mais quoi, dira-t'on, n'est-il pas évident que le mouvement est dans les corps, & dans des corps hors de nous même? & moi je dis, n'est-il pas aussi évident qu'il y a des couleurs dans les corps, & dans des corps hors de nous? Ouï. Mais, dira-t'on, l'Idée du mouvement renferme necessairement celle du corps? fort bien, & l'Idée des couleurs renferme aussi l'Idée des corps. Qu'on m'aneantisse l'étenduë, & son Idée, il

H 5   n'y

n'y aura jamais d'Idée de couleur. Cela est évident de soi-même. Car vous ne sçauriez, quelque effort d'esprit que vous fassiez, concevoir ce que c'est que couleur, sans concevoir en même temps l'Idée de l'étenduë.

Traité de l'ame des bétes chap. 23. Certains Cartesiens ont écrit que la pensée étant la premiere chose que nous appercevôs en nous, c'est aussi la premiere chose & le sujet de tout ce qui peut dependre de la pensée. Qu'ainsi l'essence d'une chose étant ce qui se presente la premiere à l'esprit, je dois conclure que ma nature ou ma substance consiste dans la faculté de penser. Bon Dieu quel raisonnement ! Est-ce la de quoi il s'agit, que j'ay une nature pensante, une faculté de penser ? il s'agit de voir si la pensée n'est point une proprieté, ni une modification d'une substance corporelle. Et que fait à cette question de dire que la pensée est ce qui se presente d'abord à mon esprit : rien du tout, car il reste toûjours à voir si cette pensée premiere, que vous dites s'être presentée à vôtre esprit, n'étoit point une Idée d'une substance étenduë, ou

de

de quelque chofe qui arrive à la fubftance étenduë. On ne forme point de
penfée qui ne foit finguliere, & déterminée. Or je demande quelle penfée
un Cartefien a euë la premiere, & quelle eft celle qui s'eft prefentée la premiere à fon efprit, afin que nous l'exami-
nions, & voyons fi elle ne renfermoit
rien qui eût rapport à la fubftance corporelle.

Je dis bien plus, car je pofe en fait
que la premiere penfée que nous avons
euë, renfermoit neceffairement l'Idée
d'une fubftance corporelle, quelle
qu'elle fût. Il eft faux même que la premiere chofe qui s'eft prefentée à nôtre
efprit, & à quoi il a penfé, ait été autre chofe que quelque chofe de corporel. C'eft mal parler que de dire que la
premiere chofe qui fe prefente à l'efprit
c'eft la penfée. Car c'eft dire felon ces
Meffieurs que la premiere chofe qui fe
prefente à la penfée eft la penfée. Nôtre
ame ou efprit n'eft devenu tel qu'en
penfant & par la penfée. Ainfi il refte
à voir fi la premiere penfée qu'il a euë,
avoit pour objet la penfée même, ou
quel-

quelqu'autre chofe de corporel. Or il eft vifible que le premier acte de nôtre efprit & fa premiere penfée n'a point été l'objet qu'elle a eu. Cela n'a pas pû fe faire que par un fecond acte, ou une penfée reflêchive.

Enfin quand il feroit vrai que la penfée feroit la premiere chofe qui fe prefente à l'efprit, il faudroit voir encore fi elle eft la feule chofe qui s'y prefente, & fi cette premiere ne traîne pas avec foi une feconde, ou bien une compagne infeparable. Je dis donc qu'on ne fçauroit former aucune penfée qui ne renferme l'Idée d'une fubftance corporelle. Comme je ne fçaurois voir un corps en mouvement fans y appercevoir & la fubftance étenduë, & cette forte de modification qui eft en elle. Et comme je n'aurois pas raifon de dire que j'en apperçoi le mouvement le premier, puifque l'un eft infeparable de l'autre, je dis de même que c'eft fans raifon qu'on dit que la penfée eft ce qui feul paroît à mon efprit, comme fi l'on fuppofoit déja que la penfée fût une chofe qui pût être fans une fubftance corpo-

relle,

relle, & fans aucun rapport à cette fubftance, ni à fon Idée. Quel rapport,
quelle affinité y a-t'il entre la penfée &
l'etenduë, dit Monfieur le Grand? Le
voici, c'eft que la penfée eft un mode,
qui par confequent exige un fujet fub-
fiftant par foi-même. Car de dire que
le fujet de la penfée eft la penfée même,
de dire que fon fujet eft la faculté de
penfer, c'eft ne rien dire, & c'eft comme fi je difois, que le fujet du mouvement eft la faculté de mouvoir. Ainfi il
faut bien marquer quel eft donc ce fujet. Et comme mon efprit n'apperçoit
rien qui fubfifte par foi-même, que ce
que l'on appelle fubftance corporelle;
Donc la penfée en eft un mode.

Autre rapport & affinité. C'eft que
la penfée n'eft rien autre chofe que la
perception de l'étenduë, & de tout ce
qui peut arriver à l'étenduë. Eft-il fi
difficile de concevoir qu'un corps fça-
che qu'il eft corps, & eft fujet à telles
& telles chofes? La fubftance corporelle & la penfée ne different que comme la fubftance & le mode, & comme
different le corps & le mouvement.
Mais

Mais comme qui dit mouvement marque premierement le mode, & comme l'on dit directement & immediatement, & indirectement le corps; de même qui dit penſée marque directement & immediatement le mode, & indirectement la ſubſtance corporelle.

La difference auſſi qu'il y a entre eſprit & corps, c'eſt que le mot d'*eſprit* marque proprement quel eſt le corps. Comme quand je dis feu, niege, ces termes marquent proprement quelle eſpece de corps je veux deſigner. Or comme ce qui fait qu'un corps devient feu ou neige, c'eſt une telle & telle détermination de mouvement, & un tel ou tel arrangement de parties; de même ce qui fait un corps eſprit eſt une telle & telle modification, ſçavoir la perception ou connoiſſance.

Enfin le mot de *penſée* ne differe du mot d'*eſprit*, que comme le mot general de *mouvement* differe du *principe mouvant*. De ſorte que comme celui qui dit mouvement ne marque en particulier aucune eſpece de mouvement certain & déterminé, mais toutes ſor-

tes indistinctement & confusement.
Ainsi qui dit pensée ne marque aucune
sorte de pensée singuliere, mais toutes
confusement, & indistinctement.

Poussons encore cette comparaison
du mouvement avec la pensée, & di-
sons que supposé qu'il y eût quelques
corps qui eussent en eux-même la cause
& le principe de leur mouvement, & de
toutes ses déterminations, qui fussent
à eux-mêmes leur force mouvante, ils
seroient assurement toûjours dans quelque mouvement, & s'en donneroient
tantôt une telle espece, & tantôt une
autre. Il en est de même de l'esprit ou
du corps qui auroit le principe de la
pensée, il en auroit toûjours quelqu'u-
ne, & pourroit en former telle & telle
qu'il voudroit à tout moment.

Enfin comme je connois clairement
que le mouvement n'est point une suite
absolument necessaire, & dependante
de l'Idée generale & precise que j'ay du
corps. Quoi qu'il soit vrai de dire que
s'il y a du mouvement, & un principe
actuel de mouvement, il faut de toute
necessité qu'il existe dans quelque
corps.

corps. De même je connois clairement que la penſée, ou la force de penſer n'eſt point une ſuite neceſſaire qui depende de l'Idée generale, ſimple, nuë & préciſe que j'ay du corps, quoi qu'il me ſoit évident qu'elle ne puiſſe exiſter que dans quelqu'un, quel qu'il puiſſe être. Ce n'eſt donc pas merveille ſi dans l'Idée du corps préciſement priſe, on n'y voit pas celle de la penſée, on n'y voit pas non plus celle du mouvement.

Suppoſons que le mouvement ſoit eſſentiel à la matiere, eſt-ce que pour cela l'Idée pure & nuë d'étenduë emporteroit cét attribut? Nullement. Tout ce que l'on pourroit dire en ce cas ſeroit que les ſubſtances corporelles outre cét attribut general & commun qu'elles auroient toutes d'être des étenduës, en auroient encore de propres & de particuliers, qui les détermineroient à une telle eſpece de corps, ou de ſubſtance corporelle, & qui ne leur ſeroient eſſentielles qu'à cét égard, & non par rapport au genre univerſel de ſimple étenduë, auquel elles conviendroient. On peut faire la même ſuppoſition

sition touchant la pensée, & en déduire les mêmes choses.

Mais, dit Monsieur le Grand, je
puis clairement & distinctement concevoir la pensée, & ce que c'est sans
penser en aucune maniere à la substance corporelle, en niant même qu'il y
ait aucun corps. Mais c'est tout le
contraire ; car il est impossible d'avoir
cette pensée telle que la décrit Mr. le
Grand, qu'il n'y entre de l'Idée du
corps. Niera-t'on qu'il y ait des corps,
sans penser aux corps ? C'est une contradiction manifeste. Je dis donc qu'il
est aussi peu possible de concevoir ce
que c'est que pensée, sans aucun égard
au corps, ou à ce qui arrive au corps,
comme de concevoir ce que c'est que
mouvement sans rapport au corps. Ce
qui trompe ces Messieurs, c'est qu'ils
employent le mot de *penser* comme un
terme abstrait & general ; qui ne dit
pas plûtôt une telle ou telle pensée
qu'une autre : & là dessus ils s'imagi-
nent que cette notion est quelque chose
qui n'a aucun rapport au corps, ni aux
choses qui lui arrivent. Tout de même

I   que

que si je disois que le mouvement n'a aucun rapport aux figures de rond, de quarré, &c. à nulle en general, parce que ce terme ne signifie en particulier aucun mouvement déterminé, aucun qui soit circulaire, ou droit, &c.

Pour ce qui est de ce que ces Messieurs avancent si hardiment que leur esprit peut avoir quelque pensée, sans penser au corps, sans aucun égard à lui, en supposant même qu'il n'en existe aucun, c'est ce que je nie, & ce que l'on ne prouvera jamais. Il est vrai que je voi bien que je penserois encore que je fusse sans bras, sans pieds, sans oreilles, sans yeux; mais que pour cela je pusse penser sans cerveau, sans esprits animaux, sans sang, c'est une chose que je ne puis voir, & qu'on ne sçauroit jamais prouver.

Quoi donc, dit le même Philosophe, chaque atome sentira-t'il? Assurement. Mais Hypocrate dit que s'il n'y avoit qu'une seule chose de même nature, il n'y auroit jamais de douleur. Mais les Cartesiens ne disent-ils pas que Dieu peut donner & imprimer effective-

ment

ment le sentiment de douleur à une seule chose, toute pure & simple, comme est l'ame. Car selon eux la douleur
ne peut être dans les corps. Hypocrate
a bien parlé dans son sentiment. Car il
tenoit que tout étoit corporel, qu'il y
avoit des corps tous differens en qualités, & attributs les uns des autres, &
que le sentiment en étoit un. Je répons
en second lieu que Mr. le Grand n'a pas
vû que qui dit douleur, ne dit pas simplement sentiment, mais un tel sentiment, une telle détermination de sentiment, qui exige, selon l'ordre de
l'auteur de la nature, une telle ou telle
disposition, rencontre ou mouvement
des corps. Mais generalement parlant
il n'y a point de particule en nous qui
ne sente de quelque maniere, les unes
selon celle-ci, & les autres selon celle-là ; les unes ont un sentiment de
douleur & de plaisir, les autres de faim
& de soif, les autres ceux de l'ouïe & de
la vûë, & les autres enfin une infinité
que je ne puis connoître distinctement
ni nommer, mais que chacune aperçoit
& connoit clairement & distinctement.

 Mais

Mais, poursuit Mr. le Grand, est-ce que la pensée est seulement dans tout le corps, ou bien en toutes ses parties, en chacune d'elles? Non, la pensée n'est pas dans tout le corps, ni dans toutes ses parties. Car qui dit pensée dit un certain genre de perception & de sentiment, different de celui de la douleur, & du plaisir par exemple. Mais, direz-vous, les atomes, ou esprits animaux qui sont dans mon esprit, & qui y pensent, ont-ils tous la force de penser, & pensent-ils tous en particulier, ou bien ne pensent-ils qu'en commun, & par union les uns aux autres? Je répons que chaque esprit pense, & a la force de penser; mais comme ils sont continus les uns aux autres, ils ne forment tous qu'une même pensée. Par exemple, les esprits qui sont en moi & qui voyent une montagne étant tous unis ensemble, & dans une même disposition & détermination telle que Dieu a voulu être pour produire la vûë, ils ne forment tous ensemble qu'une même perception, ou image de l'objet vû. Je puis illustrer ceci par l'exemple

ple d'un miroir: N'eft-il pas évident
qu'il n'y a aucune partie d'un miroir
qui ne reprefente. Tandis que le miroir eft entier, il reprefente tout l'objet,
& toutes les parties de l'objet. Cependant quoi qu'il n'y ait aucune partie
dans le miroir entier qui ne reprefente,
elles ne reprefentent pas neanmoins
toutes tout l'objet. Toutes pourtant le
peuvent auffi reprefenter fi vous les fe-
parez, & fi vous rompez la glace. Il en
eft de même des efprits qui voyent, ils
font un tout compofé d'une infinité de
parties toutes femblables, & dans une
pareille difpofition ou état, & par confequent doüés de même force, & de
mêmes qualités. Neanmoins comme
ils ne font tous qu'un compofé, un
corps continu & égal, ils ne forment
auffi qu'une feule & même perception.
Separez les parties de ce miroir divin,
rompez en la glace, ils reprefenteront
auffi-tôt tous, tant qu'ils font le même
objet, ils en formeront je ne fçai combien de differentes reprefentations, felon que fera leur féparation. Il faut
donc, direz-vous avec Mr. le Grand,

I 3

que

que chaque atome ou esprit qui voit réponde en particulier à chaque partie de l'objet apperçû, & le represente. Fort bien. Qu'en arrivera-t'il? C'est, dites-vous, qu'il n'y aura rien qui apperçoive tout l'objet, & en juge. Il n'y aura rien, ç'est-à-dire, il n'y aura point d'autres esprits que ceux qui le voyent, qui l'apperçoivent, & en jugent. Cela est vrai. Mais ces mêmes esprits qui le voyent & l'apperçoivent en jugent eux-mêmes, & l'apperçoivent tout entier. Tout de même que trois bons Musiciens qui chanteroient parfaitement bien chacun leur partie, & composeroient une parfaite harmonie, la verroient évidemment être bonne & juste, au moment même qu'ils chanteroient. Faudroit-il faire intervenir un tiers pour juger de la bonté & de la justesse de l'harmonie? Voila comment la comparaison de Mr. le Grand doit être proposée, & non pas comme il la propose, en faisant trois Musiciens qui chanteroient bien leur partie chacun, mais sans prêter l'oreille à la voix des autres. Car cela se fait-il? au contraire

traire quelque attention que chaque Musicien prête à sa propre voix, il la prête encore à celle de ses compagnons, sibien que dés qu'il échape un mauvais & faux ton à quelqu'un, il le sent d'abord. Les esprits qui pensent agissent de même entr'eux, ils se répondent tous les uns aux autres, ils s'accommodent les uns aux autres, ils n'agissent que de concert entr'eux, & ils n'ont pas besoin d'un tiers pour juger de ce qu'ils font. J'oserai dire même qu'il n'y en a pas un d'entr'eux qui ne puisse voir tout un objet, & penser tout seul à ce qu'il voit, & s'en former une juste Idée. Mais, dit Mr. le Grand, un seul point de la matiere verra donc & contemplera des especes innombrables d'un seul objet, quoique l'objet soit infiniment plus grand que lui. Il n'y a la aucune difficulté, & l'experience nous en convainq. Car il est certain que tous les objets divers que nous voyons hors de nous, peignent leurs images fort bien & fort sensiblement sur la prunelle de l'œil, sur la retine, & comme dans un point; mais tel que pour petit

 qu'il

qu'il vous paroiſſe, l'on peut dire qu'il renferme en racourci toute l'étenduë prodigieuſe des objets & des corps qui ſont hors de lui. Or la penſée eſt encore plus ſimple que toute la perception de la vûë, ou la vûë même: & quelque petiteſſe qu'on imagine dans un eſprit du nombre de ceux qui penſent, il renferme toûjours en racourci toute l'étenduë des objets dont il forme l'Idée.

Si la matiere ou le corps eſt capable de ſentiment.

J'ay ruiné, ce me ſemble, le fondement de toute la Philoſophie Carteſienne touchant la nature des corps: J'en tire cette conſequence, que ſi les corps peüvent penſer, à plus forte raiſon ſont-ils capables de ſentir de la douleur ou du plaiſir, & qui s'eſt jamais aviſé de nier ou refuſer cette proprieté là aux corps que nos viſionnaires Carteſiens, aprés s'être gâté la cervelle, & en avoir mis tous leurs eſprits en verrige par le moyen de leurs tourbillons infinis de matiere, s'entraînans les uns les autres, &c.

Ces Meſſieurs ont bien vû qu'on ſe moqueroit de leur ſubſtance incorporelle,

relle, inétenduë, & qu'on oppoferoit fans cefle à leur fauffe fubtilité, l'experience & l'autorité du fentiment de la nature même. Dites tout ce qu'il vous plaira, Meffieurs, de la nature de l'efprit, que ce n'eft pas une fubftance étenduë ou corporelle, que les corps ne font pas capables de fentir, on vous répondra toûjours que vous ne fçavez ce que vous dites, que vous ne connoiffez pas encore affez bien la nature, & quelles proprietés Dieu peut y mettre, & y a mis en effet, puifque vous ofez nier que vôtre corps ait aucun fentiment, quoique vous en foyez convaincus par l'experience même.

Je ne fçaurois affés admirer la metode de ces nouveaux Philofophes : ils avancent hardiment que l'efprit eft une fubftance inétenduë; que c'eft cette feule forte de fubftance qui peut penfer & fentir. Les autres voulant combattre ces maximes, leur objettent que l'on ne peut dôuter que les corps ne fentent, puifque le mien, & le leur & tout autre femblable fent. Que donc leurs hypothefes font fauffes, & évi-

 demment

demment fausses. Que repliquent à
cela ces Messieurs ? la chose la plus ridicule & la plus pitoyable du monde.
Ils vous remettent en jeu leur these
que tout corps ne peut sentir, que donc
tous les hommes se sont trompés, & se
trompent encore aujourd'hui, & se
tromperont toûjours (car je ne croi
pas que les Cartesiens en détrompent
jamais un seul, qui puisse dire de bonne foi qu'il est détrompé) quand ils
disent que leur corps a du sentiment.
Les yeux nevoyent donc point, ni l'oreille n'entend point. Quand je dis que l'œil
ne voit point, je n'entens pas tout ce qui
paroît grossierement dans la structure
de l'œil, mais les esprits qui y demeurent
& y circulent ; & ainsi de l'oreille. C'est
l'ame seule, c'est-à-dire, un je ne sçai
quoi qui n'est ni matiere ni corps, qui
voit & entend toute seule. Falloit-il
donc des yeux pour voir, & des oreilles
pour ouir ? un seul atome pouvoit servir à ce je ne sçai quoi, sans tout cét ap-
parat de machines & d'organes divers.
Que disje un atome ? il ne lui falloit point
du tout de corps. Il ne lui sert de rien à
tout

tout cela. Mais si l'ame seule voit, & si l'œil n'y sert de rien à bien parler, elle peut donc voir aussibien par l'oreille que par l'œil même, & entendre par l'œil que par l'oreille, Si nous avions vû du moins quelques experiences semblables, nous en pourrions croire les Cartesiens, & ils ne parleroient pas tout-à-fait sans fondement.

Je répons à la quatriéme Objection, que je n'y voi pas la moindre difficulté, & que la consequence qu'on en tire est nulle. Si la Matiere, dit-on, est éternelle & independente, elle est donc Dieu même. Et pourquoi cela? parce que Dieu est l'Estre seul qui existe de soi-même. & c'est la ce que je nie. Tout être, dit-on, qui est de soi-même est infiniment parfait. C'est encore ce que je nie, & j'avouë que je n'y voi aucune force, ni même aucune vrai-semblance. Mais, dit on, si elle est de soi même, rien n'a borné sa nature, ni ses proprietés, ou ses perfections. Cela est vrai, qu'en concluëz vous? donc si rien ne l'a bornée, limitée, déterminée à un tel ou tel genre d'être, à un

Réponse à la IV. Obj.

tel

tel & tel degré de perfections, elle est absolument infinie. Je nie cette conséquence, & je soûtiens que tout ce raisonnement-là n'est qu'un pur sophisme qui consiste dans l'équivoque des termes de *rien*, de *fini*, d'*infini*. Il est vrai que rien n'a borné la nature, & les proprietés de la matiere; mais il ne s'enfuit pas pour cela qu'elle ne soit pas bornée par elle même, & que je ne la conçoive aisément comme bornée en elle même. Est-ce bien raisonner, elle n'est point bornée par quoi que ce soit qui existe hors d'elle, donc elle n'est point du tout bornée absolument parlant? N'est-ce pas là le sophisme nommé *à dicto secundùm quid ad dictum simpliciter?* Si ce faux raisonnement étoit bon, je dirois aussi que Dieu est tout ce qui est, & ce qui peut être, esprit, matiere, corps, étenduë; & tout ce qui vous plaira. Car rien n'a borné son être & sa substance, elle est donc absolument infinie, & infinie en tout genre, il est donc tout, & tout est Dieu.

Les partisans de Spinosa ne sçauroient même se servir de ce raisonnement.

ment. Car je le repoufferois dabord contr'eux en cette maniere. La nature ou l'univers felon lui exifte de foi-même; or tout ce qui exifte de foi-même eft abfolument infini & infiniment parfait. Car rien n'en a borné, limité & déterminé l'effence & les proprietés. Elles font donc abfolument infinies. Je ne voi neanmoins dans tout cét infini que deux pauvres attributs effentiels, tant infinis qu'il vous plaira en leur genre; ils ne font pourtant que deux, & à cét égard il eft vrai de dire que la nature n'eft pas abfolument infinie. Rien cependant n'en a borné & limité l'effence & les attributs effentiels de cette fubftance. Par confequent une chofe, une fubftance peut exifter par elle-même, & independemment d'une autre, & neanmoins être finie en foi, bien que rien qui foit hors d'elle ne l'ait renduë finie, limitée, déterminée.

Mais n'eft ce pas pofer de l'imperfection en Dieu, que de dire qu'il ne peut pas agir hors de lui s'il n'y a point de matiere? Il n'y a pas là plus d'imperfection

perfection qu'à dire que Dieu ne peut pas faire une montagne sans vallée, & tout ce qui implique contradiction. Dieu a-t'il agi, à parler proprement, sur le neant en creant la matiere? on ne peut pas le dire. Est-ce donc que Dieu est imparfait de n'avoir pû agir sur le neant?

Voila comme sur l'hypothese de l'existence éternelle de la matiere j'ay refuté toutes les subtilités impies de Spinosa, sans m'engager dans ces mauvais pas, où je voi que s'engagent necessairement ceux qui tiennent la creation de la matiere, & l'immensité de son étenduë, & definissent Dieu par l'être absolument infini. Car ces hypotheses reviennent assurément au Spinosisme & à l'impieté. Et c'est sur elles que Spinosa a bâti tout son systeme d'Atheïsme. Non, je le repete encore une fois, je ne voi pas qu'il soit possible à un esprit éclairé & penetrant de ne pas tomber dans ce precipice en suivant ces hypotheses. C'est pourquoi le Pere Malbranche qui définit Dieu comme Spinosa, par l'être absolument infini,

le seul être, l'être universel, l'être abstrait, &c. ne peut éviter de tomber
dans un precipice qui n'est éloigné que
de deux doigts de celui de l'impie Spinosa, sçavoir que l'univers n'est qu'u-
ne émanation de Dieu, & ne peut être
qu'une émanation de Dieu, que tout
ce que nous voyons & appercevons est
Dieu seul, que Dieu seul fait tout ce
qui se fait, qu'il est lui même toute l'action & toute l'operation qui est en toute
la nature, en un mot, que Dieu est
tout l'être, & le seul être.

Il semble même que ce personnage
ait voulu nous convaincre qu'il est Spinosiste, c'est-à-dire, qu'il croit que
toute la nature est Dieu, & que tout
ce qui est, appartient uniquement à la
substance de Dieu. Car il assure que
l'on n'a pas encore demontré qu'il y ait
une matiere & des corps, & que la foi
seule nous enseigne ces grands & in-
comprehensibles mysteres, que nous
sommes des corps, qu'il y a une terre
sur laquelle nous marchons, & un soleil veritable que nous ne voyons pas, &
ne pouvons jamais voir. Que par consequent

fequent à ne confulter que fa raifon, & les lumieres de la nature, fans s'embaraffer de la foi, comme les Philofophes ont accoûtumé de ne s'en embaraffer gueres, on ne peut demontrer que la feule exiftence de Dieu. On naît donc Athée & Spinofifte, car la nature & la raifon precedent la foi. Ne me dites pas que du moins nous fommes affurés que nôtre efprit exifte. J'ay détruit cét échapatoire d'une maniere irrefutable dans mon *Anti-Spinofa*, & dans le parallele que j'y fais des maximes du Pere Malbranche avec celles de Spinofa même. Je ne veux dire ici qu'un mot pour en montrer la vanité. Ce Vifionnaire dit que nous n'avons point l'Idée de ce qu'eft nôtre efprit, ou de fa fubftance. Cela étant, par où & comment peut-il être certain qu'il eft une fubftance, une fubftance, dis-je, diftinguée de celle de Dieu même? Toutes fes penfées actuelles ne font felon lui que des modifications divines, & des operations de Dieu même. Faut-il donc leur donner un autre fujet, & une autre fubftance, en qui elles exiftent,

que

que celle de Dieu même? Tout ce que
l'esprit de cét extravagant peut avancer de certain est que s'il y a des pensées
chez ce qu'il appelle *soi*, ou *son ame*, il
doit y avoir aussi une substance qui en
soit le sujet; mais de la distinguer de
Dieu, c'est ce qu'il ne sçauroit jamais
faire. Son esprit se trompoit avant que
le ciel l'eût honoré de ses visions, quand
il distinguoit l'étenduë qu'il voyoit, de
l'essence de Dieu. Il avoit pourtant,
& a encore aujourd'hui tant visionnaire qu'il soit devenu, une Idée claire de
l'étenduë. Comment donc osera-t'il
distinguer de la substance divine, celle
de son esprit, qu'il n'a jamais vûë, &
dont il avouë avoir aucune Idée? Enfin
il sçait, à ce qu'il dit, que toutes les
vûës & les perceptions se font dans l'é-
tenduë infinie & intelligible de Dieu.
Pourquoi donc leur aller chercher un
autre sujet & une autre substance? Dira-t'il que c'est par sentiment qu'il est
asluré d'avoir un esprit distingué de
Dieu, ou de l'être infini & universel?
Mais si cét être est universel & infini,
tout ce qui est, & tout ce qui emporte

K quel-

quelque affirmation d'être, de mode de qualité, lui appartient necessairement. Ce sentiment interieur lui appartient aussi. Mais encore qu'est-ce que ce sentiment? Qu'il me l'explique un peu. N'est-il pas quel qu'il soit une modification d'ame? Pourquoi donc la poser ailleurs que dans Dieu même, qui en est la cause & le principe? Nôtre esprit n'est-il pas aussi fortement frappé du sentiment qui lui vient du corps, & qui lui dit à tout moment, qu'il sent du plaisir & de la douleur, que son œil voit des couleurs, & son oreille entend des sons, que les bêtes ont faim & soif, & sentent du plaisir, & de la douleur? Ce sentiment pourtant est un sentiment faux & trompeur, pourquoi l'autre ne le sera-t'il pas?

Il ne sçauroit pour parer ce coup, recourir aux imperfections & aux defauts qui sont dans nos pensées, & qui nous obligent par consequent à les distinguer de l'Estre Divin. Car il soûtient que toutes les pensées de nôtre esprit ne sont que des modifications qui vien-

nent

nent de Dieu seul, l'ame n'étant pas
capable de se modifier, comment que
ce soit. Il n'y a donc aucune imperfection dans nos pensées. Car tout ce que
Dieu fait & opere est parfait en son
genre. Faisons parler nôtre Visionnaire lui-même sur ce sujet, & nous aurons le plaisir de voir qu'il ne resoudra
pas en maniere quelconque l'objection qu'il se proposera contre l'existence de sa propre substance. *O*
ma lumiere ! puis-je obtenir de vous de
sçavoir ce que je suis, & ce que c'est que
cette substance que je sens en moi capable de
connoître la verité & d'aimer le bien? Je
suis ; mais depuis quel temps ? Suis-je éter-
nel ? Cesserai-je d'être ? Je suis ; mais que
suis-je ? Je pense ; mais comment ? &c.
Quelque effort que je fasse pour me repre-
senter à moi-même, je ne puis découvrir ce
que je suis. Lorsque je souffre quelque dou-
leur, je le sçai ; mais avant que de la sou-
frir, je ne comprenois pas que ma substan-
ce en fût capable. Et dans le temps même
que je la souffre, je ne comprens ni ce que
c'est, &c. en un mot je ne suis que tene-
bres à moi-même. Ma substance me paroît

Medit.
Christ.
p. 149.

K 2   in-

inintelligible : & si vous ne m'éclairez de vôtre lumiere, l'amour que j'ay pour la verité me precipitera dans quelque erreur. Car je me sens porté à croire que ma substance est eternelle, & que je suis partie de l'être Divin, & que toutes mes diverses pensées ne sont que des modifications particulieres de la raison universelle. Fort bien. Et que dites-vous à cela esprit & substance inintelligible ? *Ha mon fils,* il fait repondre le verbe éternel, *que tu conduis mal tes pensées, & que tu serois temeraire si tu entrois le moins du monde dans des sentimens si impies & si bizarres.* Et moi je dis, pourquoi serois tu temeraire de suivre avec justesse les consequences naturelles de tes maximes ? Pourquoi ce sentiment seroit-il impie ou bizarre, s'il est vrai, & si tes principes t'y conduisent ? *Le mechant esprit qui les a publiés, croyoit la creation impossible, & c'est ce faux principe qui l'a engagé dans ces erreurs.* Mais toi la crois-tu possible, toi qui dis *que le monde n'est pas une emanation necessaire de la Divinité,* pour insinuer qu'il en est une libre ? toi qui connois que tout ce que nous voyons, est seule-

ment

ment une étenduë éternelle, incréée, intelligible, Dieu même en un mot? Toi enfin qui n'as jamais demontré l'existence d'aucune autre substance, que de celle de Dieu? Car ce que tu nous a voulu faire passer pour une demonstration invincible, comme tu l'appellois, de la creation de la matiere, n'est qu'une sophisme, & un sophisme avancé de mauvaise foi. Car tu soûtiens par tout ailleurs qu'on n'a point encore demontré l'existence de la matiere. Comment donc en demontrer la creation? & quand tu l'aurois demontrée, il faudroit demontrer encore celle de la substance de ton esprit. Et c'est de quoi tu ne t'es jamais mis en peine. *Mais pour toi, ne t'ay-je pas demontrè qu'il est necessaire d'attribuer à Dieu une puissance infinie.* Hé bien qu'est-ce que cela sert à me convaincre de l'existence de la substance de mon esprit, comme d'une substance distinguée de Dieu même? Rien du tout. Au contraire cette puissance infinie s'accorde fort bien avec cette pensée qu'il n'y a point de creation d'aucune

sub-

subſtance, & qu'il eſt inutile d'en ſuppoſer une autre diſtinguée de celle d'un Dieu tout puiſſant, & qui par ſa puiſſance infinie ſupplée à toute autre ſubſtance, ou plûtôt fait & opere tout ce qu'une autre pourroit operer. Dieu n'étoit il pas une puiſſance infinie avant la création? Ce n'eſt donc pas aſſez de ſçavoir certainement que Dieu a une puiſſance infinie, capable de créer des eſprits, & des corps, il faut encore être certain & convaincu qu'il a voulu en créer, & qu'il a executé ſa volonté par ſa toute-puiſſance. A quoi bon poſer ces modifications de mon eſprit pretendu, & du tien dans une autre ſubſtance qui m'eſt entierement inconnuë, plûtôt que dans celle de Dieu qui m'eſt ſi connuë, & ſi intelligible?

Aprés tout tu te trompes quand tu t'imagines que c'eſt pour avoir nié la création que Spinoſa a crû que ſon eſprit, le tien, le mien, & tous les autres eſprits en general ne ſont que des modifications de la raiſon ou de la penſée univerſelle, & abſolument infinie. Ce n'eſt point cela du tout qui la conduit

duit dans ce sentiment; mais, c'est qu'en niant la creation il soûtenoit en même temps aussibien que toi que l'étenduë que nous voyons & connoissons est infinie, & la substance de Dieu même. Et n'est-ce pas ce que tu soûtiens avec lui. Car ne crois-tu pas, & ne dis-tu pas que toute cette étenduë visible que nous connoissons est la substance de Dieu même. Car celle des corps est invisible & inintelligible à tes yeux, & à ton esprit. Ce qui a porté encore Spinosa à croire que nôtre esprit n'est que la modification d'une pensée infinie. C'est qu'il a crû & defini Dieu comme toi, par l'Estre absolument infini, & infini en pensée. Comment donc pourroit-il y en avoir qui ne lui appartissent pas? ne dis-tu pas la même chose? toi qui dis que *ton esprit a l'Idée de l'infini avant celle du fini. Car nous concevons, dis-tu, l'être infini de cela seul, que nous concevons l'être, sans penser s'il est fini ou infini; mais afin que nous concevions un être fini, il faut necessairement retrancher quelque chose de cette notion generale de l'être, la*

quelle

quelle par conſequent doit préceder. Juſte-
ment comme Spinoſa, *Toute ſubſtançe eſt
neceſſairement infinie. Car être fini étant u-
ne negation d'être, en partie, & être infini
étant l'affirmation abſoluë de l'exiſtence de
quelque nature*, il s'enſuit donc de la ſeule
Propoſition ſeptiéme, *l'exiſtence appartient
à la nature de la ſubſtance, que toute ſubſtance doit être infinie.* Une goûte d'eau n'eſt
pas plus ſemblable à une autre goûte
d'eau, que ces deux propoſitions de
Spinoſa & de nôtre Viſionnaire, com-
parées enſemble. Enfin ce qui a porté
cét Athée à ces extrémités, c'eſt qu'il
a crû *que rien n'étoit, ne pouvoit être, ni
même ne pouvoit être conçû ſans Dieu, &
qu'en Dieu.* Dieu donc doit être la ſeule
& unique ſubſtance qui exiſte, & en
qui toute autre choſe exiſte. Ne crois-tu
pas la même choſe? toi qui dis tant de
fois que Dieu eſt le ſeul être, l'être univerſel, l'être abſtrait, la ſeule ſubſtance qui fait tout, qui opere tout, qui
modifie tout? Et quel tout, qui eſt-il?
Dieu lui-même, puiſqu'il eſt tout l'ê-
tre & l'être infini. C'eſt donc lui ſeul
qui ſe modifie; & tu prens ſottement
　　　　　　　　　　　　　　pour

pour ton efprit, & pour un toi, ou bien pour une fubftance differente de la fienne, ce qui n'eft que lui-même, ou une modification finguliere de fa fub-ftance.

Mais pourquoi eft que je m'arrête à raifonner ainfi, & à prouver à un homme ce qu'il avouë lui-même? *On ne peut*, dit-il, *avoir de demonftration exacte de l'exiftence d'un autre être que de celui qui eft neceffaire. Et fi l'on y prend garde de près, on verra bien qu'il n'eft pas même poffible de connoître avec une entiere évidence* (tout ceci merite d'être remarqué) *fi Dieu eft, ou n'eft pas veritablement Createur d'un monde materiel & fenfible* (il devoit dire *infenfible*, Dieu feul fe faifant fentir, & les corps étant *infenfibles* auffibien qu'*invifibles*.) J'ajoûte que nôtre Vifionnaire devoit dire auffi, fi Dieu eft ou n'eft pas veritablement Createur des efprits, ou des fubftances fpirituelles. Car la raifon qu'il va rendre pourquoi nous n'avons aucune certitude fi Dieu eft ou n'eft pas veritablement Createur d'un monde materiel, conclud également pour les

fubſubſtances ſpirituelles, comme pour la ſubſtance materielle. Voici cette rai-ſon : *Car une telle évidence ne ſe rencontre que dans les rapports neceſſaires, & il n'y a point de rapport neceſſaire entre Dieu & un tel monde,* (ajoûtons, & toute autre ſubſtance qui n'eſt pas la ſienne) *il a pû ne le pas créer ;* diſons, il a pû ne les pas créer, en parlant des ſubſtances mate-rielles & immaterielles. *Et s'il l'a fait, c'eſt qu'il l'a voulu, & l'a voulu libre-ment.* Cette raiſon doit être encore conſiderée par rapport à ces premiers paroles, qui ſont comme la theſe, dont cette raiſon eſt comme la preuve. *On ne peut avoir de demonſtration exacte de l'exiſtence d'un autre être que de celui qui eſt neceſſaire.* Pour bien prouver cela, il eſt neceſſaire que la raiſon dont il le confirme, ſoit generale, & compren-ne par conſequent tout être qui n'eſt point neceſſaire, tel qu'eſt aſſurement celui de nôtre eſprit. Il avouë donc qu'on n'a aucune preuve que cét eſprit exiſte, exiſte, dis-je, comme une cho-ſe, ou un être non neceſſaire, mais produit par la liberté de Dieu. Voila

tout

tout ce que nôtre Fanatique répond à l'objection qu'il s'eſt propoſée lui-même, & l'on peut bien juger par les reflexions que je viens d'y faire, qu'elle demeure encore dans toute ſa force. C'eſt pourtant ce même perſonnage qui traite d'Impies ceux qui ſoûtiennent l'exiſtence éternelle de la matiere. Sçavez vous bien pourquoi c'eſt? parce que cette hypotheſe eſt un obſtacle inſurmontable à ſes extravagances, & une barriere de fer à toutes ſes viſions nouvelles, & à cette creuſe Philoſophie que nous ne voyons rien que Dieu ſeul, & qu'il eſt l'être univerſel, le ſeul être, l'être abſtrait.

REFUTATION
DU PERE
MALBRANCHE.

Uisque je suis sur le cha-
pitre du Pere Malbran-
che, mon lecteur ne trou-
vera peut-être pas mau-
vais que je dise ici quelque
chose touchant la dispute qui est entre
lui & Mr. Arnaud, & qui vient assez
au sujet que je traite. En verité c'est un
plaisir extrème pour moi que de voir
les disputes insensées & inextricables
où se jettent aujourd'hui les Cartesiens,
& où leurs propres Maximes les pous-
sent. Il ne faut pas en chercher d'autre
exemple que cette dispute du P. M. &
de M. Ar. L'on y trouve assurement de
quoi se divertir au depens de ces Messieurs. Il est vrai que M. Ar. dit de tres-
bonnes & belles choses dans son traité
des vraies & fausses Idées ; mais comme
il est aussi dans de certains Principes
Cartesiens, qui détruisent presque
tout

tout ce qu'il peut dire de plus fort contre le P. M. celui-ci ne manque pas de
le pouffer about à fon tour. Leur que-
relle eft quelque chofe d'aflez fingulier.
C'eft touchant la nature de nôtre ame,
& de nos Idées. M. Ar. croit que nôtre
ame eft une fubftance incorporelle, capable de penfer, & de fe modifier elle-
même par le moyen de fa creation de la
part de l'être infiniment parfait. Il
croit que nos Idées & nos perceptions
ne font qu'une même chofe, que ce
font les corps mêmes que nous voyons,
& que leur vûë n'eft autre chofe que l'i-
dée & la perception de l'ame. Tout
cela eft fort raifonnable, excepté l'im-
materialité de la fubftance de l'ame, &
la creation de cette fubftance qu'il croit
avec le P. M. Pour ce dernier, il croit
que l'ame eft une fubftance abfolument
incapable de penfer par fa nature d'a-
me, ni de fe modifier comment que
ce foit, mais capable pourtant de recevoir toutes fortes de penfées, de fentimens & de perceptions de la part de
Dieu. Voila déja une ame étrange-
ment bâtie. Car fi elle eft une chofe
pu-

purement paſſive, où eſt ſa vie, & en quoi ſa nature & ſa formation diffe-re-t'elle de celle d'une pierre? Et cét homme qui a bien le front d'oppoſer à Mr. Arn. contre ſa grace irreſiſtible ce Canon du Concile de Trente, *Si quis dixerit liberum arbitrium à Deo motum & excitatum diſſentire non poſſe, ſi velit, ſed velut inanime quoddam nihil omnino agere, merèque paſſive ſe habere, Anathema ſit*; mais en retranchant cette queuë, *ſed velut inanime quoddam nihil omnino agere, mereᵹ paſſive ſe habere,* parce qu'elle eſt auſſi Anti-Malbran-chiſte, qu'Anti-Janſeniſte: Ne doit-il pas avouër de bonne foi, ſi ces viſions ne lui ont pas tout-à-fait gâté l'eſprit, que c'eſt ſon propre ſentiment tou-chant la nature de l'ame, qu'il veut être une pure puiſſance paſſive à l'é-gard de toutes ſes operations, que le Concile a frappé d'anatheme. La choſe eſt plus claire que le jour à qui y fait attention. Il repliqueroit en vain qu'il croit que l'ame agit quand Dieu agit en elle, & la modifie comme il lui plaît. Car ſelon lui rien de créé ne peut

agir,

agir., *& c'est Dieu seul qui fait tout,* substances, *qualités, accidens, modes, &c.*
Il ne dira pas qu'une boule pousée &
meuë de Dieu, agisse, quoique effectivement on la voye se mouvoir. L'ame
ne doit pas plus être dite agir ou se
mouvoir elle-même, qu'une boule
pousée, n'étant pas moins passive à
l'égard de Dieu, qu'une boule qu'il
transporte.

D'ailleurs il est certain par ses principes que lorsque Dieu détermine &
applique l'ame à ceci ou à cela, il faut
qu'elle demeure en cét état irresistible-
ment, tant que Dieu l'y appliquera,
elle ne peut aller plus loin, ni même
faire effort pour aller plus loin, ou s'appliquer à une autre chose, quoi que ce
Visionnaire le dise, mais contre sa conscience, & ses propres principes. Car
faire effort c'est agir veritablement, &
se mouvoir. Cependant rien de créé
n'agit, & n'a aucune force pour agir, &
toute la puissance de la nature est ou
une chimére selon lui, ou la seule puissance de Dieu agissant lui seul, & immediatement en elle. S'il étoit vrai
même

même que l'ame ne fût pas invinciblement pouffée vers ceci ou cela, &
qu'elle peut faire effort pour aller d'un
autre côté, il feroit faux de dire que
toutes fes déterminations & fes modifications ne viennent que de Dieu feul,
puifqu'elle auroit le pouvoir étant mo-
difiée d'une telle maniere de la part de
Dieu, de fe modifier d'une autre maniere toute contraire ou differente. Il
croit enfin que les idées de l'ame ne
font pas les perceptions mêmes de l'a-
me, mais quelque chofe de réellement
diftingué d'elle, & que c'eft l'image &
la repréfentation de tout ce que l'ame
connoît hors d'elle-même, & de tous
les objets diftingués d'elle.

Afin d'appuyer ce paradoxe, il dit,
que la reflexion ferieufe fur la difference qui
fe trouve entre connoître par fentiment, &
connoître par idée, ou plûtôt entre connoî-
tre, & fentir, entre connoître les nom-
bres, &c. & fentir le plaifir, &c. fait
affez juger que pour fentir la douleur, par
exemple, il ne faut point d'idée reprefen-
tative, & que la modalité de l'ame fuffit,
parce qu'il eft certain que la douleur eft une

Réponce
à M. Ar.
ch. 6.
p. 84, 85

mo-

modalité, ou modification de l'ame, &
que pour connoître les nombres & les figures Geometriques, &c. on a besoin d'une
idée, afin que l'ame puisse en avoir la perception. Car sans idée l'ame n'a perception
de rien distingué d'elle : & l'idée d'un Cercle ne peut être la modalité de l'ame. Que
pour voir le soleil il faut deux choses, la
modalité de couleur, (car M. Ar. con-
vient que la couleur est une modification de
l'ame) & une idée pure, sçavoir l'idée de
l'étenduë, ou l'étenduë intelligible. Qu'ainsi l'on voit le soleil, non tel qu'il est, mais,
ô miracle surprenant, tel qu'on le voit.
Tout ce que dit ici le P. M. est vrai, si
vous en exceptez ce qui fait justement
le neud de la question entre lui & M. A.
sçavoir que l'idée d'un Cercle ne peut être
la modalité de l'ame, & qu'afin qu'elle
apperçoive les nombres, &c. elle a besoin
d'une idée qui soit quelque chose de distin-
guë réellement de sa propre perception. Il
est vrai que sans idée l'ame ne peut appercevoir les objets qui sont hors d'elle.
Mais ce n'est là dequoi il s'agit, il s'a-
git de voir si cette idée, par laquelle
elle les apperçoit, est une chose réelle-

L   ment

ment distinguée de sa propre perception, & c'est à quoi le P. M. ne touche
point encore. Il y a encore une autre
chose, à laquelle il n'a pas pris garde;
c'est que l'ame connoît en deux manieres ce que c'est que la douleur, par sentiment, & par idée sans sentiment.
Cela est incontestable. Car à present je
ne sens pas la douceur du miel, ni l'a-
mertume de l'absinte, la douleur de la
goutte, & le plaisir du chatoüillement.
Je sçai fort bien neanmoins ce que c'est.
Il y a donc idée de sentiment distinguée
du sentiment. Pour ce qui est de la maniere dont il explique qu'on voit le soleil, il y a dequoi rire assurement, en
lisant ces dernieres paroles du P. M.
*que l'on voit le soleil non tel qu'il est, mais
tel qu'on le voit.* Car cela signifie en bon
François, que l'on ne voit point du tout
le soleil que Dieu a créé, mais Dieu en
guise du soleil.

1. preuve
du P. M.Sa premiere preuve pour montrer
que la perception de l'ame, & l'idée
sont deux choses distinctes entr'elles,
est prise *de ce que l'esprit apperçoit actuellement l'infini; qu'ainsi n'étans point*

actuellement l'infini lui-même, il est absolument impossible qu'il voye dans lui même
ce qui n'y est pas. Je nie que l'esprit apperçoive actuellement l'infini par une
idée qui soit distinguée de sa perception
même: & c'est mal raisonner que de
dire, l'esprit n'est pas lui-même infini,
donc il ne peut pas appercevoir l'infini
par une modification de soi-même.
Enfin il est faux qu'il soit impossible,
encore moins absolument impossible
que l'esprit voye en lui-même ce qui n'y
est pas, à moins qu'il n'y ait ici de l'é-
quivoque. Car si le P. M. entend par ce
discours qu'il faut que les choses que
l'esprit connoît soyent *réellement* dans
lui-même ; c'est une extravagance.
S'il entend qu'il faut qu'elles y soyent
intelligiblement, & comme connuës,
il a raison. Mais il y a encore en cela de
l'obscurité, car être dans l'esprit de
cette maniere-là, & en être connu &
apperçû, c'est une même chose : au lieu
que le discours du P. M. insinuë qu'il
faut que la chose soit premierement
dans l'esprit, & puis que l'esprit la connoisse ; comme si c'étoient deux choses

fort differentes. Quoi donc la perception de l'esprit seroit-elle l'idée & la representation de l'infini? Pourquoi non,
si par ce terme de representation on
n'entend pas une image sensible? Car
l'infini n'en peut avoir, non plus qu'un
Chiliagone que le P. M. avouëra pourtant être connu par l'esprit, & connu
par une veritable idée. *Mais, dit-il,
toute modalité d'un être n'est que l'être même d'une telle & telle façon. Ainsi la modalité de l'ame ne peut point representer les
objets, mais seulement la façon d'être.* Il
n'y a aucune consequence dans tout ce
discours, & c'est une pure petition de
principe, comme l'on parle. Il est vrai
que la perception de l'esprit est une
modification de lui-même; mais qui
empêche que cette modification ne represente les objets que l'esprit connoît?
Selon le P. M. l'esprit apperçoit l'idée
d'un Cercle, & cette idée est distinguée de sa propre perception. Mais
aprés tout sa perception peut-elle autre
chose que cette idée même comme apperçûë & connuë? Voila donc comme
la modification de l'ame est la representation

sentation des objets distingués d'elle.
Que dit à cela le P. M. il dit *que l'ame ne
se connoît point elle-même, c'est-à-dire, sa
substance, par une idée qu'elle puisse contempler, comme les Geometres contem-
plent l'idée de l'étenduë: Qu'elle ne se connoit que par sentiment interieur.* Elle
ne peut donc pas connoître ses modifications,
mais les sentir. Tout cela est inutile au
sujet dont il est question. Car que l'ame
se connoisse ou ne se connoisse point
par une idée semblable à celle de l'é-
tenduë, qu'elle puisse contempler;
qu'elle ne fasse que sentir ses modifications, s'ensuit-il pour cela que toutes
ses idées ne soyent pas ses propres modifications? Il peut bien être que toute
modification de l'esprit n'est pas idée,
quoique toute idée en soit une. En effet
le plaisir & la douleur ne sont pas des
Idées, mais des sentimens. Cependant
quand on ne sent plus ni l'un ni l'autre,
l'ame en peut avoir, & en conserve effectivement l'idée. J'avouë que le P.M.
qui croit avec M. Ar. que son esprit est
incorporel, ne peut avoir aucune idée
de sa substance. Mais moi qui le croi
L 3

cor-

corporel, j'en ay une idée claire. Car
si pour le mot d'*ame* l'on entend sa substance, j'ay l'idée claire des corps. Et
si l'on entend ce qui fait une substance
telle ou telle, c'est-à-dire *pensante*, &c.
j'en ay encore une parfaite connoissance, & cette connoissance sont mes propres sentimens & perceptions, & il ne
m'en faut point chercher d'autre pour
connoître clairement ce qu'est mon
ame. Enfin je nie que je ne connoisse
pas clairement mes sensations. Pour
les connoître ainsi je n'ay que faire de
pouvoir les comparer ensemble, ni de
les comparer comme je fais les figures
& les nombres. Je ne les connois pas
moins clairement sans tout cela, & je
ne me tromperai point à les distinguer
entr'elles. Je sçaurai toûjours fort bien
juger que plaisir n'est pas douleur, ni
couleur son, & ainsi du reste. Un paï-
san qui ne sçait que c'est que Geometrie conçoit clairement un quarré, &
le distinguera fort bien d'un cercle,
quoiqu'il n'en sçache pas deduire toutes les proprietés Geometriques. D'ailleurs il n'est pas necessaire que toutes

les

les modifications d'une substance
soyent telles chacune en particulier,
qu'elles soyent capables d'être infiniment variées. Par exemple les sens soufrent une infinité de diversités; le mouvement de même; mais le repos n'en
a aucune, & n'en peut jamais avoir.
Par conséquent il se peut faire qu'il y ait
en mon esprit certaines modifications,
qui soyent de cette sorte-là, quoique je
n'en connoisse point qui n'ait quelque
varieté. *Pouvons nous,* dit-il, *comparer la chaleur avec la saveur, &c.* Sans
doute, puisque je puis parfaitement
bien les distinguer entr'elles, comme
je distingue le mouvement d'avec le
repos.

Mais, dit-il, *l'ame n'est pas capable
d'avoir dans le même temps des modifications infinies. Ainsi puisque la realité objective, ou l'idée de ma pensee c'est l'infini
lorsque j'y pense, il n'est pas possible que
cette realité ou idée soit une modification de
mon ame.* Quel galimathias voila! *La
realité objective ou l'idée de ma pensee, c'est
l'infini.* Est-ce que la realité objective
est autre chose que l'objet même, en-

tant

tant qu'il peut être connu? Et cette realité peut-elle être l'idée même? quel langage est cela, *l'idée de ma pensee est l'infini?* ne parlez-vous pas à un homme qui vous soutient qu'idée & pensée est une même chose, & vous supposez toûjours que ce sont des choses differentes? Pour trouver quelque consequence dans ce discours-là, il faudroit que le P. M. en supposant que l'esprit n'est pas capable de modifications infinies en même temps, fît voir que l'esprit en auroit, s'il étoit capable d'avoir une perception de l'infini, qui fût l'idée même de l'infini. Or c'est ce qu'on ne sçauroit jamais faire voir, parce que l'infini peut être connu par une modification finie, ou par une perception finie. Car il n'est nullement necessaire que la perception soit de même genre que l'objet apperçu. Autrement il faudroit que la perception que j'ay du repos & du mouvement fût une chose mobile & immobile. En un mot il faudroit que mon esprit fût pierre, arbre, cheval, pour connoître tout cela. Ici P. M. nous dit encore une fois *qu'une chose*

chofe ne peut être objectivement, ni de
telle forte ou maniere dans l'efprit, lorfqu'elle n'y eft point du tout. Mais comment
voudroit-il que les objets fuffent dans
l'efprit autrement qu'objectivement.
ou comme connus? Faut-il donc qu'ils
y foyent réellement, & en propre fubftance? mais *la modalité d'une fubftance
ne peut être celle d'aucune autre fubftance.*
Je le croi. Mais cette modalité ne peut-
elle pas être l'idée & la perception d'u-
ne autre modalité, ou de la modalité
d'une autre fubftance? Y a-t'il là quelque chofe qui embaraffe tant foit peu?
L'infini, ajoûte-t'il, *ne peut être éminemment dans le fini.* C'eft encore une
autre efpece de galimathias. Car que
veut dire cét homme, quand il dit que
l'infini ne peut être *éminemment* dans le
fini? qu'il reduife ces expreffions à
d'autres plus fimples, & plus intelligibles, & l'on verra qu'il ne veut dire autre chofe par là, fi non que l'efprit ne
peut fe former une idée, ou une perception qui foit elle-même l'idée de
l'infini, comme fi de ce que l'efprit le
connoît par fa propre idée, par celle

L 5   qu'il

qu'il en forme lui-même, l'on en dût conclure *qu'il est dans l'esprit, & éminemment dans l'esprit.*

Certainement, dit-il, *on peut assurer ce que l'on conçoit clairement.* Or l'on conçoit clairement que l'étenduë que l'on voit est une chose distinguée de soi ; on peut donc dire que cette étenduë n'est point une modification de son être. Hé qui doute de cela ? & que fait cela à nôtre question ? *L'ame,* poursuit-il, *ne peut voir que le soleil, auquel elle est immediatement unie.* Cela est faux, & équivoque tout à la fois. Cela est faux, dis-je, car je soûtiens au contraire que l'ame ne voit que le soleil auquel elle n'est point immediatement unie : puisque c'est celui qui luit au ciel qu'elle voit, mais sa vûë est une idée de ce soleil : c'est un soleil *intelligible,* ou conçû, entant que conçû. Mais ce soleil n'est point quelque chose de distingué de sa propre perception. Ainsi ce soleil *immediat,* que le P. M. dit être uni *immediatement* à l'esprit, n'est point du tout celui qu'elle voit, & qu'elle voit comme distingué d'elle, c'est sa vûë même, c'est sa

per-

perception même. C'est au P. M. à montrer que ce soleil immediat & conçû est quelque chose de distingué de l'esprit, ou de la perception de l'esprit. *Lorsqu'un homme dort il voit par exemple un centaure devant lui. M. A. pretend que l'idée de ce centaure, en un mot l'objet immediat de son esprit n'est qu'une de ses modalitez, &c.* M. A. ne dit point cela, il dit seulement que ce centaure est purement la perception de l'esprit, & son idée, s'il y a quelque objet immediat present à l'esprit, ce n'est point cette vûë même du centaure, ce sont quelques corps diversement meus & agités, qui lui causent dans le cerveau cette sensation, ou perception. *Lorsque je voi ce centaure, dit-il, je remarque en moi deux choses, la premiere c'est que je le voi, & la seconde, c'est que je sens que je le voi* Cela est impertinent, car ces termes *je remarque que je le voi,* signifient une pensée refléchie sur ce qu'on voit, & c'est la même chose que de dire, je sens que je voi. Le P. M. devoit dire, qu'il voyoit deux choses, la premiere l'idée du centaure, & la se-

conde,

conde, la perception de cette idée. *Je voi ce centaure comme un être distingué de moi, ce n'est donc pas une modification de mon esprit.* Autre confusion. Il falloit dire, je voi ce centaure par une idée distinguée de mon esprit. Il est vrai qu'un homme qui songe s'imagine que le centaure qu'il voit est hors de lui; mais pourtant il n'en est rien: & tout cela n'est que dans sa tête, & son esprit troublé, agité, & en desordre. Ce qui lui donne occasion de s'imaginer que ce centaure est hors de lui; sont les esprits de son cerveau agités de la même maniere qu'ils le seroient s'ils voyoient un centaure, ou qu'ils l'ont été quand on lui en a fait autrefois la peinture. Mais à quoi bon ce centaure, a quoi bon ces visions d'un esprit dereglé? Parlons d'une chose existante, du soleil par exemple, quand je le voi. Assurement je le voi comme distingué de moi, & je ne me trompe pas, mais ce qui est ainsi distingué de moi, n'est pas ma pensée, ma vûë, ni ma perception. *En second lieu,* dit-il, *je sens que c'est moi qui voi ce centaure, & que la perception*

que

que j'en ay eſt une modification de mon eſ-prit. Je doi donc conclure que l'objet im-mediat de ma perception n'eſt point une modification de mon eſprit, &c. Il n'y a pas là ſeulement l'ombre d'une conſe-quence. Et quand il y en auroit quel-qu'une, elle ne toucheroit point à la queſtion. Car M. Ar. ne dit pas que l'i-dée du centaure ſoit l'objet immediat de ſa perception, puiſque tout au con-traire il ſoûtient que c'eſt ſa perception même; au lieu que le P. M. ſuppoſe toûjours qu'il croit que la perception d'un objet, eſt l'objet que l'eſprit con-temple, ou apperçoit. Il eſt pourtant vrai que quelquefois la perception de l'eſprit eſt l'objet immediat de l'eſprit, mais c'eſt lorſqu'il refléchit ſur ſa pro-pre perception, & non proprement ſur l'objet qu'il a premierement apperçû.

L'ame voit un cercle en general, quoiqu'il y ait contradiction que l'ame puiſſe avoir une modification en general, &c. Eſt-ce donc que ma perception d'un tel cercle ne ſçauroit en être l'idée, ſans devenir une modification generale? Mais, direz-vous, un cercle general

III. Pr.
du P. M.

ne

ne sçauroit être conçû par une perception singuliere, ou une idée de l'esprit,
qui soit une modification particuliere
de sa substance. M. Ar. niera cela, pour
moi j'avouë qu'il est vrai; mais je dis en
même temps qu'il n'y a point de cercle
general, ni d'idée generale de cercle:
& s'il y avoit une telle idée, il est clair
qu'elle ne pourroit être la perception
de l'ame. Avec tout cela le P. M. fait
un sophisme à M. A. quand il dit: *Il est*
évident que toute modalité d'un être parti-
culier ne peut être generale. Or je pense à
un cercle general, la realité objective de
ma pensée c'est un cercle general; donc l'i-
dée de ce cercle ne peut être une modalité
particuliere de mon esprit. Cette conclu-
sion est fausse, & ne suit nullement des
premisses. Car je veux que l'idée de
mon esprit soit un cercle general, je
soûtiens qu'elle n'est pas pour cela une
chose generale, une modification generale, mais seulement une modalité
particuliere, par laquelle mon esprit
connoît un cercle general. Dans le
fonds il n'y a point de cercle general,
comme je l'ay deja dit, ni dedans ni
de-

dehors l'esprit. Ce cercle *intelligible* ou conçû ne s'appelle general, que parce que l'esprit ne le compare ni avec celui-ci, ni avec celui-là, bien que ce soit effectivement une idée particuliere. *Je dis ensuite,* poursuit-il, *que ce sont les couleurs que l'ame attache aux figures qui les rendent particulieres à l'égard de celui qui les voit. Ainsi l'étenduë conçûe sans couleur est l'idèe de tous les corps sans cette modification de l'ame. Elle est donc generale. Elle ne peut donc être une modification de l'esprit.* Tout cela ne prouve point ce dont l'on dispute, sçavoir que l'ame n'apperçoit rien hors d'elle sans des idées distinguées de sa propre perception. Au contraire si la couleur me fait voir les corps, & les fait distinguer entr'eux à mon esprit, & si cette couleur est une modification de lui-même, il voit donc les corps par une modification de lui-même. Mais où a trouvé le P. M. que l'idée de l'étenduë sans couleur est l'idée generale de tous les corps. Un aveugle n'apperçoit il pas l'étenduë ou les corps par le toucher, & par l'idée du mouvement & du repos? Et

quand

quand elle feroit l'idée de tous les corps, tous les corps ne peuvent-ils pas être, & ne font-ils pas effectivement dans l'hypothefe Cartefienne une feule & fimple fubftance, mais infinie? Il eft bien plus aifé de concevoir cette forte d'étenduë, fur tout dans les principes Cartefiens, qu'un cercle general, qui n'a jamais été, & ne fera jamais. Car qui dit cercle, dit un mode qui détermine & limite cette étenduë, & y forme un tel corps: au lieu que l'idée de l'étenduë eft fimple, uniforme, & independante de tout cercle, quarré, & autre figure; toute figure étant la fin & la borne de l'étenduë.

M. Ar. s'étoit mocqué ici de l'étenduë intelligible du P. M. en lui difant que puifque nous ne voyons rien que cette étenduë intelligible, qui eft la fubftance de Dieu, *il y a donc en elle des crapaux, des grenoüilles, & des mouche-rons; mais tous intelligibles, c'eft-à-dire, divins;* quelques horribles qu'ils nous paroiffent. Sur cela le P. M. répond: *Mais qui conclut cela?* Vous Pere reve-rend; car vous voulez qu'il n'y ait que

le

le soleil intelligible, ou l'étendue intelligible, sçavoir la substance de Dieu
que nous voyons, & sentons. Il n'y a
donc aussi que des crapaux intelligibles
que nous puissions voir, & qui nous
donnent tant d'horreur, mais *Dieu ne
les voit pas tels que nous les voyons paunts
& afreux, &c.* Pourquoi ne les ver-
roit-il pas? Ne se voit-il pas lui même,
& son étendue intelligible? ne voit il
pas ce qu'il nous fait sentir par ses crapaux intelligibles? ne se sent-il pas lui-
même tel qu'il est, & veut être?

M. Ar. avoit encore ici tourné en
ridicule le P. M. sur cette vûë de toutes choses en Dieu, en faisant voir que,
si rien hors de Dieu ne peut être vû ni
connu qu'en lui, & si Dieu ne connoît
point ce qui est hors de lui, mais seulement ce qu'il est lui-même, c'est dire
que Dieu est fort ignorant, puisqu'il ne
sçait ce qu'il a fait, & ne le peut jamais
voir. Le P. M. n'ose demeurer d'accord de cela, il fuit, il cherce des dé-
tours pour s'échaper. Cependant il
faut necessairement qu'il en demeure
d'accord. Car selon lui Dieu a vû l'é-

 tenduë

tenduë avant qu'il en creât une. Et
cette étenduë est sa propre essence. Aujourd'hui que Dieu en a créé une, il ne
la voit pas autrement qu'auparavant.
Mais *il la voit*, dit-il, *dans son verbe.*
Fort bien. Cette étenduë est donc dans
le verbe, & le verbe même ? Mais n'est
elle pas aussi en Dieu, & Dieu même ?
Mais où a-t'il vû son verbe pour le produire, & produire par conséquent cette étenduë qui est en lui ? ou le voit-il
encore, & sur quelle idée le produit-il
éternellement ? Ce verbe n'est-il pas
une personne distinguée réellement de
Dieu ? est-ce donc que la science de
Dieu, sa connoissance, sa vûë, ses
idées sont des choses réellement distinguées de lui ? Ce n'est donc pas lui qui
voit, qui sçait, ni qui connoît ; ce n'est
pas le verbe non plus, car il n'est pas
l'intelligent, mais l'intelligence ; le
voyant, mais la vûë. Enfin Dieu ne
produit-il pas aussi le saint Esprit ? &
cét Esprit éternel & infini est-il sans
science & sans connoissance, car il n'a
point de Verbe ? Le Verbe même que
deviendra-t'il, lui qui n'en produit
point

point d'autre? Voila les folies & les extravagances de nôtre Viſionnaire. J'en trouve encore une autre aſſez ſinguliere, ſur ce qu'il dit *que Dieu a formé & créé la ſubſtance étendue ſur l'idée de celle qu'il voyoit en lui.* Elle doit donc lui reſſembler. Cependant il n'y a rien de ſi diſſemblable. Car l'étenduë *intelligible* de Dieu eſt viſible, ſenſible, palpable, intelligible en un mot: & celle qu'il a créé ſur l'idée de la ſienne, eſt inviſible, inſenſible, & *inintelligible.* La copie reſſemble bien mal à l'original. Et puiſqu'elle devoit être ſi inutile, Dieu s'eſt donné bien de la peine en vain, à faire un ſi méchant ouvrage. Aprés tout on peut dire en un bon ſens que Dieu ne connoît *rien qu'en ſoi,* mais non pas *rien que ſoi.* Car il ne connoît rien que par ſon idée. Mais auſſi cette idée eſt conforme aux objets qu'il a créés, & qu'il connoît. Ce n'eſt pas l'objet qui ſe fait connoître. A cét égard tout n'eſt que tenebres hors de Dieu. Mais Dieu étant un être intelligent, un œil toûjours ouvert, & un ſoleil qui éclaire tout, & qui illumine les plus épaisses tenebres, il n'y a rien hors de lui qu'il ne voye, & qu'il ne voye tel qu'il est en soi.

Je ne rapporterai pas la quatriéme preuve du P. M. qui n'est qu'un discours en l'air, un pompeux galimathias, & une declamation de Visionnaire. Il faut philosopher & raisonner, & non pas prêcher. *Je dois dire*, dit il, *à M. Ar. dic quia tu tibi lumen non es. Vous n'êtes pas vôtre lumiere à vous-même.* Assurement. Puisque c'est Dieu qui a fait mon esprit tel qu'il est, capable de penser, & pensant actuellement. C'est lui seul qui a allumé ce divin flambeau, & l'a allumé pour être une vive image du sien, & un rayon de ce soleil infini, qui est la source de toute lumiere. Mais *ce n'est pas*, dit-il, *rendre l'honneur qui est dû à sa sagesse, en soûtenant que vos modalitez sont essentiellement representatives de la verité, &c.* Pourquoi non ? Est-ce que cét Estre infini, qui a pû former un tel ouvrage que mon esprit, n'y fait pas également éclatter sa sagesse & sa puissance ? la puissance de Dieu peut-elle être ou agir

sans

fans fageffe ? Si mes penfées ne peuvent pas me repréfenter la verité par elles-mêmes, il faut donc qu'elles ne foyent plus penfées ni perceptions. Il ne faut pas même que mon efprit exifte, ni rien avec lui. Car tout ce qui eft, a été créé & formé de Dieu fur quelque verité, dont il eft l'image. Sur tout mon efprit doit être aneanti, car il eft l'image de la fuprême verité. *Faifons l'homme*, dit Dieu, *à nôtre image & reffemblance.* Mais, dit-il, *peut-on tirer d'un être auffi limité que tu es,* il fait parler Dieu à l'efprit, *les idées de tous les êtres ?* Pourquoi non, les unes aprés les autres ? *D'un être, d'une feule efpece, les idées de toutes les efpeces ?* Tout de même. *D'un être imparfait & dereglé les idées de la perfection & de l'ordre ?* Eft-ce que Dieu en formant mon efprit l'a fait dereglé ? J'avouë qu'il eft imparfait, mais faut-il qu'il foit parfait pour connoître la perfection ? Faut il être pierre ou arbre pour en connoître ? Faut-il qu'il foit idée, car enfin il apperçoit l'idée ? Si l'idée divine, ouï cette idée que tu diftingues de ton efprit, & de fa percep-

                    tion,

tion, & qui en eſt l'objet ſelon toi, peut être l'objet immediat de ton eſprit pour en être apperçû, ſans être ſa perception, pourquoi mon idée de l'infini, ou de l'être parfait, laquelle je ne diſtingue point de ma propre perception, ne peut elle pas être l'Idée de l'être parfait, ſans qu'elle ſoit cét être parfait? *Trouveras-tu dans la mutabilité de ta nature des veritez neceſſaires, &c.* La mutabilité que je reconnois dans mon eſprit ne s'oppoſe point à cela. Je puis ceſſer d'être eſprit, mais tant que je le ſerai, & que rien ne me mettra dans le déſordre, je puis connoître toutes les verités éternelles qu'un eſprit créé peut connoître. Ce que vous appellez un eſprit de quelques jours, eſt la vive image de l'être éternel, & formé pour vivre durant l'éternité.

Pour refuter encore *le ſoleil intelligible*, les hommes & les femmes intelligibles, M. Ar. avoit dit *que cette penſée nous portoit au peché.* Car pourquoi ne pas voir toujours une belle femme, l'aimer, & en jouïr, puiſque cette femme eſt une femme intelligible, c'eſt-à-dire

Dieu

Dieu lui-même, ou fa fubftance que l'on voit en guife de femme? L'autre répond que *jamais homme n'a jamais vû non plus une belle femme; parcequ'il n'a jamais vû que de la couleur, c'eft-à-dire, la modification de fon efprit.* Cette replique a deux defauts: premierement elle laiffe l'objection en fa force. Car M. Ar. ne pretend pas montrer par fon objection que nous voyons les chofes en elles-mêmes ; mais bien que fuppofé qu'on ne les voit qu'en Dieu, ou plû-tôt Dieu en leur place, cela nous at-tache au peché, fous ce pretexte que ce n'eft que Dieu, & non une femme qu'on voit. Que fait à cela la replique du P. M. que felon M. Ar. la couleur étant une modification de l'ame, ce n'eft pas le vifage veritable d'une fem-me que l'on voit, mais fa propre mo-dification? Rien du tout. Seconde-ment elle fuppofe faux: Car je dis que la lumiere & les couleurs font des mo-difications des corps, qui tombent fous la vûë. Quand cela ne feroit pas, il n'y a aucun rapport des modifications de l'efprit à celles de Dieu même. Dieu

M 4

peut

peut défendre à mon esprit de s'en former de telles & telles, & de les aimer,
mais Dieu ne peut jamais défendre
qu'on l'aime lui-même. Avec tout cela le P. M. ne laisse pas d'avoir dit une
chose assez agreable, quand sur le re-
proche que lui fait M. A. *que sa Philosophie des idées divinisoit toutes choses*, il
lui repart, *que la sienne humanise bien
toutes choses*, jusqu'à son cheval. En
effet Messieurs les Cartesiens, qui
croyent que les couleurs ne sont que les
sentimens ou perceptions de l'ame, ne
sçauroient voir les couleurs, puisqu'elles sont leur vûë même. Que voyent
donc leurs yeux, quand ils les ouvrent
pour voir les corps? Les corps, disent
ils, mais quels corps? colorés? non.
Ils ne voyent donc rien, ne voyant ni
blanc ni noir. Un homme qui ne verroit point de mouvement au dehors, ne
verroit point du tout de corps mobile.
Si donc l'on ne voit pas non plus le
blanc ni le noir au dehors, on ne voit
rien du tout, le blanc & le noir étant
ce qui fait voir les corps tels qu'ils sont.
Enfin c'est une impertinence que de
dire

dire que nos yeux ou nôtre ame voit des corps colorés, pour fignifier que les corps colorés font l'objet de fa vûë, & de fa perception; s'ils ne font nulle-ment colorés en dehors, ou en eux-mêmes, mais feulement dans l'ame, dont la perception & le fentiment qu'elle a des corps, que nous appel-lons *colorés*, fait toute la couleur, que l'on leur attribuë. Et cela étant il eft certain que jamais homme ne vit rien de beau, & que M. Ar. n'a jamais vû fon cheval, puifqu'il n'y a que la cou-leur qui rende les corps vifibles, & que cette couleur n'eft que le propre fenti-ment de l'ame. Or ces deux chofes, fçavoir, que la couleur rend les corps vifibles, & que pourtant ce n'eft que la perception & le fentiment de l'ame fe détruifent mutuellement. Car fi la couleur rend les corps vifibles, elle eft donc veritablement dans les corps, & fi elle eft dans les corps, elle ne peut être feulement la perception ou le fen-timent même de l'ame : & tout au contraire fi la couleur eft feulement fon propre fentiment, elle ne peut être ce

M 5

qui

qui rend les corps visibles, ni propres
à être vûs.

Je ne dis rien des demonstrations de
M. Ar. contre le P. M. qu'il les défende
comme il pourra, je dirai seulement
que si l'esprit ne peut rien connoître de
distingué de lui que par une idée distinguée de sa propre perception, il ne
sçauroit jamais rien connoître qui soit
distingué de lui. Car si cette idée est
distinguée de lui & de sa perception, il
en faut donc une autre pour la connoître, & ainsi toûjours à l'infini, sans que
jamais l'esprit en connoisse une seule.
Que si l'esprit peut immediatement
connoître, & appercevoir par soi-même cette idée quoique distinguée de
lui, pourquoi non l'objet même, &
toute autre chose distinguée de lui-même ? D'ailleurs je dis que ces idées pretenduës de l'étenduë intelligible de
Dieu ne sont point de veritables idées,
ni des representations des objets, dont
il les appelle idées. Pourquoi ? parce
que si les objets ne sont que tenebres,
est-ce que la lumiere sera l'image des
tenebres ? & Dieu n'ayant rien créé
que

que sur ces idées intelligibles, qui sont
la lumiere même, les tenebres sont
donc aussi l'expression & l'image de la
lumiere ?

Aprés ces considerations je viens à
l'examen que fait le P. M. des préten-
duës demonstrations de M. Ar. touchant l'existence des corps. Sur quoi
le P. M. ne se défend pas mal en suivant
toûjours ses principes & ceux des Cartesiens, communs à M. Ar. & au P. M.
& il faut avouër qu'un Cartesien ne
sçauroit jamais demontrer exactement
& évidemment l'existence des corps.
Je veux le faire voir en ramassant ce que
le P. M. dit sur ce sujet. Les Cartesiens
croyent que Dieu a créé la substance
corporelle; que Dieu en avoit l'idée
avant que de la créer; que dans cette
idée il voyoit tout ce qui peut arriver à
cette substance, tout ce qui la peut modifier; que cette idée est aujourd'hui
la même qu'elle étoit avant la creation,
Dieu étant immuable; que Dieu est
une cause libre qui a pû créer ou non
cette substance, qu'ainsi il n'y a aucune connexion ou aucun rapport necessaire

faire entre cét effet & sa cause. M. Ar.
demeure encore d'accord avec le P.M.
que Dieu a pû ne créer que des esprits,
& qu'il peut causer ou imprimer par soi
même aux esprits toutes les idées, &
toutes les sensations qu'ils ont des corps
à leur occasion, sans pourtant qu'il y
ait aucun corps. Tout cela supposé je
soûtiens que ni M. Ar. ni qui que ce soit
d'entre les Cartesiens ne peut jamais
demontrer qu'il y a des corps, & que
Dieu en a créés. Car si l'on pouvoit en
demontrer l'existence, on pourroit demontrer que Dieu en a créé. Or c'est
ce que l'on ne sçauroit jamais faire. Car
comme la creation des corps est non
seulement au dessus de la raison, mais
aussi un effet libre d'une cause souverainement libre, il n'y a donc point de
rapport ni de connexion necessaire entre cét effet & cette cause. Donc en
voyant ce monde, ce soleil, ces cieux,
ces astres, tout l'univers en un mot,
on ne voit rien là dedans qui puisse
nous convaincre qu'il y a un Dieu qui
l'a formé. Chetif ouvrier qui n'a
pas sçû si bien former son ouvrage
                                    qu'on

qu'on y vît des marques & des caracte-
res certains & invincibles de la puissance & de la sagesse de celui qui l'a formé.

L'on ne peut pas demontrer non plus
cette existence par les idées & les sentimens que nous avons des corps à leur
occasion. Car si Dieu peut lui seul imprimer à nos esprits ces idées, & ces
sentimens, sans qu'il y ait aucun corps,
si même il le fait, encore qu'il y en ait,
& si les corps n'y contribuent rien à
proprement parler, il est évident que
toutes nos idées & nos sentimens ne
nous sçauroient être des témoignages
& des argumens certains & infallibles
de leur existence. En effet si Dieu a eu
l'idée des corps sans qu'ils existassent,
pourquoi ne pourroit-il pas faire voir
cette idée à des esprits sans qu'il y en eût
aucun? Ajoûtez à ces hypotheses cel-
les-ci que Dieu n'est point une substance étenduë, ni l'esprit non plus. Car
si Dieu & l'esprit n'étant point corps,
en peuvent voir neanmoins, sans qu'ils
existent, quelle necessité d'en poser
l'existence? Je dis même quelle necessité de poser l'existence des esprits? puisque

que Dieu, cét efprit infini, peut fuf-
fire à tout. Car enfin fi l'étenduë infinie & intelligible de Dieu peut fuppléer
aux corps, pourquoi non l'infinité de
la raifon univerfelle ne fuppléera-t'elle
pas à tous les efprits ? Ne me dites point
que Dieu feroit un trompeur : il n'y auroit en cela aucune tromperie. Car
aprés tout, toutes nos idées feroient
veritables idées, nos fentimens veritables fentimens. Seulement feroit-il vrai
de dire que Dieu fe divertiroit à tout
cela. Ce jeu feroit encore plus divertif-
fant s'il n'avoit créé qu'un feul efprit,
qui lui ferviroit tout à la fois de theatre,
& de perfonnage, & de fpectateur, &
de fujet de la comedie qu'il jouïroit.

Comment remedier à tout cela?
c'eft en recevant nos principes, qu'il
n'y a point d'autre fubftance que la fubftance étenduë & corporelle ; que la
matiere en eft une ; qu'elle a toûjours
exifté ; que de rien on ne fait rien ; que
la creation eft une chofe contradictoire, puifque toute action & toute operation divine hors de Dieu ne peut
tomber fur le neant ; que s'il n'y avoit
pas

pas eu des corps de toute éternité, Dieu n'en auroit jamais vû ni connu; que c'eſt une chimere que des eſprits incorporels ; autre chimere que Dieu puiſſe nous faire ſentir & voir des corps ſans qu'il y en ait; troiſiéme chimere que Dieu eſt une ſubſtance abſolument infinie, & une étenduë infinie.& intelligible, dans laquelle nous voyons tout ce que nous voyons; & le ſoleil, *non tel qu'il eſt, mais tel que Dieu veut ſe faire voir lui-même.* Ouï je nie que Dieu ſoit une étendué infinie, intelligible, où nous voyons toutes choſes. Car ſi cela étoit, comme ſelon nôtre Viſionnaire toute étenduë, que nôtre eſprit voit & connoît clairement être telle, eſt un vrai corps; donc tout ce qui ſeroit corps ſeroit Dieu, & Dieu ſeroit un corps infini: & parce que corps & matiere ne ſont qu'une même choſe chez nos Carteſiens, Dieu ſeroit donc la matiere infinie. Qu'on appelle cette étenduë, *intelligible* tant qu'on voudra, elle ne changera pas d'eſſence ni de nature pour ce nom; elle ſera toûjours une vraye étenduë, & celle-là ſeule que

l'eſl'esprit voit & apperçoit clairement & évidemment être une veritable étenduë, & une étenduë éternelle & infinie, celle en un mot qu'il ne distinguera jamais en bon Cartesien de l'espace même, qui est la seule étenduë infinie & éternelle qu'il apperçoit. Car il est constant que mon esprit voit clairement des espaces infinis, & nôtre Visionnaire en tombe d'accord. *Il y a une raison*, dit-il, *qui porte les hommes à croire que la matiere est incréée; c'est que quand ils pensent à l'étenduë ils ne peuvent s'empêcher de la regarder comme un être necessaire. En effet on conçoit que le monde a été créé dans des espaces immenses, que ces espaces n'ont jamais commencé, & que Dieu même ne les peut pas détruire, de sorte que confondant la matiere avec ces espaces,* [*parce qu'effectivement la matiere n'est autre chose que de l'espace ou de l'étenduë,*] *ils regardent la matiere comme un être éternel.* Toute la difference donc qu'il y aura entre l'étenduë infinie de Dieu, & celle de la matiere c'est que celle-ci sera invisible à nos yeux, & inintelligible à nos esprits, & celle-là la seu-

Medit.
Christ.
9. med.

seule qui nous soit visible & intelligible:
ou bien en deux mots, c'est que nous
serons certains & convaincus que celle
de Dieu existe veritablement, & non
pas celle de la matiere. Mais quoi, y aura-t'il deux matieres infinies? Il en faut
admettre deux necessairement, s'il y a
deux étenduës infinies l'une créée, l'autre incréée, l'une intelligible & visible,
& l'autre invisible & inintelligible: Mais
depuis quand l'étenduë & les corps se
penetrent-ils? Certainement il vaut
mieux ne reconnoître qu'une étenduë
pour éviter ces suites facheuses. Et quelle? Celle-là seule que nôtre esprit voit
& connoît clairement & évidemment.
Car enfin ce seroit une témerité pour
lui que d'en croire une autre laquelle il
ne voit point, & ne connoît point. Il
ne doit jamais assurer que ce qu'il connoît avec évidence. Donc on ne doit
point admettre d'autre substance étenduë que celle de Dieu même. Donc
tout est Dieu.

Ne dirai-je pas que si Dieu étoit une
étenduë infinie, il ne faut plus écouter
la sainte écriture, qui nous dit en cent

N

lieux

sa vengeance? Puis qu'aprés tout ils n'adorent que Dieu seul, qui certes merite toutes nos adorations. Ils prennent le soleil qu'ils voyent pour Dieu, pour le Createur, & ils l'adorent dans cette pensée-là. Se trompent-ils? n'est il pas veritablement Dieu, & le Createur? ils n'ont garde d'adorer le soleil qui est creature, car ils ne le sçauroient voir, ni connoître: & quand ils sçauroient qu'il existe, ils le laisseroient là sans adoration; car ils ne se pourroient pas resoudre d'en adorer un autre que celui dont la lumiere & l'éclat frappe si agreablement leurs yeux: c'est-à-dire, qu'ils n'adoreroient jamais que Dieu seul. Voila les abominations effroyables, diaboliques, & infernales, que traîne avec soi par des suites necessaires *l'étenduë infinie & intelligible de Dieu.* J'avoüe qu'elles me font trembler & fremir d'horreur, mais rien ne fait peur aux foux, & aux Visionnaires, ils ne sont frappés que de leurs visions.

Ces mêmes horreurs sont encore des suites de l'immensité de la substance divine. Car à moins qu'on ne fasse

vio-

lieux exprés que Dieu est au ciel, que c'est son palais, sa cour, son sejour, sa demeure, qu'il y habite une lumiere inaccessible, bien loin qu'il soit la seule chose que nos yeux voyent, quand nous les ouvrons pour voir. D'ailleurs Dieu remplissant tout l'univers par sa propre substance, tout l'univers seroit adorable. Car on ne pourroit se tourner ni s'addresser qu'à Dieu, de quelque côté que l'on se tournât. Et pourquoi ne pas adorer cette étenduë infinie & intelligible, que nos yeux voyent toute seule en forme de soleil, de ciel, de terre & d'hommes? Les payens adorent-ils autre chose que ce qu'ils voyent? Et si le soleil qu'ils adorent *n'est pas celui que Dieu a créé*, puisqu'il est invisible à leurs yeux, mais celui-là seul que leurs yeux voyent & peuvent voir, en se tournant vers lui, sçavoir Dieu lui-même, en quoi pechent-ils, en quoi sont-ils Idolatres, c'est-à-dire, coupables du plus grand & du plus horrible de tous les crimes, celui que Dieu a le plus en execration, & qui allume le plus sa colere, & excite le plus

violence à son esprit, on ne sçauroit
concevoir cette immensité que sous l'i-
dée de grandeur & d'étenduë. C'est
pourquoi les Cartesiens, qui ont bien
vû cela, & qui veulent cependant que
Dieu ne soit pas autre chose avec Décartes leur maître *que la force qui s'applique successivement à toutes les parties de
l'univers*, enseignent que Dieu n'est
dit immense que parce qu'il crée continuellement toutes choses. Il est present
aux corps, parce qu'il les étend, ou
en crée l'étenduë incessamment, avec
toutes ses qualités & ses modifications.
Il est present à tous les esprits, parce
qu'il les produit à tout moment avec
toutes leurs pensées, sentimens, perceptions. Qui leur a appris ce secret?
L'Ecriture? Rien moins; mais bien
la Philosophie de Décartes. Des gens
qui tiennent un tel sentiment, peuvent-
ils en bonne conscience reconnoître un
Dieu bon, un Dieu saint, separé des
pecheurs, & distingué ou separé du
monde? peuvent-ils reconnoître sin-
cerement une veritable liberté dans les
hommes, & par consequent une veritable

table religion? peuvent-ils écrire de
bon sens contre des Visionnaires qui disent que Dieu est tout, & qu'il fait
tout? Ne craignons donc point de dire que Dieu est une veritable étenduë,
mais non pas infinie. Et que l'objection
ordinaire des Cartesiens, que Dieu est
donc divisible, & par consequent un
être composé, ne nous alarme pas.
car nous n'avons qu'à leur nier hardiment que toute étenduë soit divisible.
C'est une chose qu'ils ne sçauroient jamais prouver. L'on conçoit bien que
toute substance étenduë peut être en
mouvement; mais le mouvement ne
fait de division que dans les corps com-
posés, & non simples, comme sont
les atomes. Selon les Cartesiens même
le mouvement ne peut jamais faire de
division veritable dans l'univers. Pourquoi? Parce que toutes ses parties se
tiennent & se touchent sans cesse, soit
immediatement, soit mediatement.
Car il ne peut y avoir de vuide selon
eux, & le mouvement n'en sçauroit faire. Toute l'étenduë est donc toûjours
la même, toûjours unie, & toutes ses

 par-

parties font generalement parlant infe-
parablement liées & unies entr'elles.
Mais je veux que le mouvement emporte avec foi de la divifion. Hé bien
quel mal pour cela? Dieu, dites-vous,
fera donc une fubftance compofée de
parties divifibles. Je nie cette confequence. Car la divifibilité que j'y re-
connoîtrai ne fera pas que ces parties fe
foyent unies pour compofer un tout,
comme fi elles avoient été auparavant
feparées & divifées. Je ferai feulement
obligé à reconnoître que cette fubftance divine peut avoir fes parties tantôt
ici, & tantôt là. Il eft vrai que fi cette
divifion pouvoit faire que ces parties ne
s'éloignaffent pas feulement les unes
des autres, mais de toute leur fubftance; enforte qu'il n'y en eût pas une qui
ne peut être réellement feparée & arra-
chée de fon tout; alors on auroit raifon
de dire que Dieu feroit compofé de parties. Car comment cela fe pourroit-il
faire, fi ces parties n'avoient autrefois
été feparées & divifées les unes des autres? & cela étant, cette fubftance ne
feroit pas Dieu: Elle feroit indigne de
lui:

lui: Ce seroit la matiere du monde, qui n'est qu'un amas indefini d'atomes differens, que Dieu unit & divise quand il lui plaît, & comme il lui plaît. Pour la substance divine, elle est absolument unique, & les parties que l'on y conçoit n'en sçauroient jamais être arrachées ni separées. Elles ne sont proprement que des parties *intelligibles*, je veux dire des parties que l'esprit peut y remarquer, & non qui puissent être elles-mêmes des *tous*, c'est-à-dire, des substances differentes & separées entr'elles. C'est pourquoi bien que j'aye dit quelque part *que c'est une impieté que de changer la substance Divine en un point indivisible, en un atome*, je n'ai dit cela que dans le sens des Cartesiens, qui prennent *atome* pour la plus petite partie que l'esprit puisse imaginer. Car dans un autre sens il est vrai de dire que Dieu est un *atome*, c'est-à-dire une substance absolument indivisible. Car atome ne signifie que cela à la rigueur. Je le dis encore une fois, supposé la creation des corps, il est impossible de toute impossibilité d'en demontrer l'exis-

tence.

tence. Car puisque çette exiftence a
dependu, & depend encore aujour-
d'hui felon nos Cartefiens de la creation, la confervation étant le même
acte que celui de la creation, & cette
creation étant au deffus de la raifon, &
un effet libre de Dieu, qui donc nous
en peut affurer invinciblement que
Dieu même par une revelation extra-
ordinaire? Mais quoi? je ne voi pas
même comment Dieu peut faire cela.
Car aprés tout il ne peut agir fur nos
efprit que par idées & par fentimens:
Et je voi que les plus claires idées, &
les plus vifs fentimens que j'ay à prefent ne me demontrent rien exiftant
hors de moi, & me trompent à tout
moment, fans que Dieu pour cela foit
un Dieu trompeur. Si Dieu pouvoit au
moins nous faire voir quelque jour les
corps même qu'il auroit créés, autrement que par idée, & idée diftinguée
des corps intelligibles, ou de Dieu même, il y auroit quelque rayon d'efpe-
rance pour nous. Mais le P. M. a defini & déterminé une fois pour toutes,
que les corps ne fçauroient être vûs

eux-

eux-mêmes, & qu'il n'y a que Dieu qui se puisse faire voir en leur place. Il n'y a donc rien du tout à esperer de ce côté-là. Bon Dieu que la posterité aura de plaisir, & qu'elle rira, de voir & de lire ces visions, aprés que le feu de la nouveauté qui les rend agreables, se sera éteint! Pour moi je ne ferois qu'en rire aussi, s'il n'y avoit rien autre chose. Mais ces visions menent tout droit à l'atheïsme, & au Spinosisme, bien que ce soit par un autre chemin, que celui qu'a tenu Spinosa. Pour la religion, il n'y en avance qu'elles ne renversent. Car tout l'univers, & tout ce que nous sommes, & tout ce que nous faisons, ne roulant que sur des apparences, & des phantômes de ciel & de terre, d'hommes & d'anges, de miracles & d'impostures; quelle autre religion peut subsister qu'une religion apparente, chimerique, & phantastique, aussi bien que tous ses objets? C'est pourquoi les Athées d'aujourd'hui, qui veulent se mieux cacher que Spinosa, & ses disciples, & paroître cependant fort religieux, embrassent avec joye, &

défendent avec chaleur les hypotheses du P. M. & par leur moyen tournant en ridicule toute la veritable Philosophie, & la religion, avec un air pourtant & un ton grave & serieux, ils ruinent dans l'esprit des autres tous les bons sentimens, & toutes notions communes de la pieté & de la vertu. Voila de quel artifice ces perfides se servent pour insinuer l'atheisme, & la route qu'ils tiennent pour y conduire le monde. Ne m'en croyez pas, mais croyez en vos yeux mêmes, & lisez ces impertinentes meditations d'un certain supposé Guillaume Wander, lequel y fait comme un abregé de tout le systeme Malbranchiste, & vous y reconnoîtrez la verité de ce que je vous dis.

Les principes de M Ar. ne lui permettent pas de ruiner le systeme du P.M.

J'ay dit au commencement de cette digression contre le P. M. qu'il poussoit à son tour M. Ar. & l'embarassoit dans des difficultés inextricables. Je l'ay montré en partie, & j'acheverai de le montrer ici. Il faut avouër que ce grand homme dit des choses admirables contre cette vision impie & sacrilege, que nous ne voyons rien que Dieu, ou son

éten-

étenduë intelligible, cependant à l'exception de cette folle, mais abominable erreur, il laisse tout le systeme du P. M. en son entier, en ne touchant point à son fondement, sçavoir, que rien de créé n'agit, & n'a aucune veritable force d'agir par sa nature; que par consequent il n'y a point en l'ame une faculté de penser, ni de se modifier comment que ce soit: & que c'est Dieu seul qui la modifie comme il lui plaît, & forme en elle toutes ses idées, ses pensées, ses sentimens. Au même endroit où il prouve contre le P. M. que nôtre ame a le pouvoir & la faculté de penser, de se modifier, &c. il dit tant de choses en faveur de son ennemi, qu'il détruit d'une main, ce qu'il avoit bâti de l'autre. Il avouë *que l'on ne peut presque douter que ce ne soit Dieu qui nous donne les perceptions de la lumiere, des sons, & des autres qualités sensibles, aussi bien que de la douleur, du plaisir, de la faim, du soif, quoique ce soit à l'occasion de ce qui se passe dans les organes de nos sens, ou dans la constitution de nôtre corps. Il dit encore qu'il y a beaucoup d'apparence qu'il*

nous

Liv. des vrayes & fausses idées, ch. 27.

*nous donne les perceptions des objets fort
simples, comme de l'étendüe, de la ligne
droite, des premiers nombres, du mouvement, du temps, & des plus simples rapports qui nous font appercevoir si facilement la verité des premiers principes;
mais qu'au contraire il y a bien de l'apparence que nôtre ame se donne à elle-même
les idées ou perceptions des choses qu'elle ne
peut connoître que par raisonnement, &c.*
Hé quoi donc, M. Ar. s'imagine-t'il
que son adversaire prendra ses probabi-
lités pour de bonnes raisons, & se croi-
ra bien refuté par des *il y a apparence?*
Quelle raison M. Ar. a-t'il dit de regler
ainsi ce partage entre Dieu & la creature? & si selon lui Dieu en fait déja tant,
pourquoi n'achevera-t'il pas de faire le
reste? qui a revelé à M. Ar. qu'il fait
l'un, & laisse l'autre à faire? S'il a re-
cours au sentiment interieur, qui nous
dicte que nôtre ame fait ceci ou cela, &
se forme telles & telles pensées par son
application aux objets, & aux verités
qu'elle tâche de découvrir, & si ce sentiment doit passer pour une preuve le-
gitime, je dis que nous l'en devons
croire,

croire, auffibien fur ces perceptions-ci, que fur celles qu'il dit venir de Dieu. Car pourquoi ne le pas croire, quand il nous dicte à tout moment, que nous voyons du blanc & du noir, & que ce blanc & ce noir font dans les corps que nous voyons ? Pourquoi enfin ne nous pas rendre à ce fentiment, quand il nous fuggere que c'eft nous-mêmes qui nous donnons une infinité de mouvemens, & que nous avons en nous une veritable force capable de les produire, & de les déterminer comme il nous plaît ? Car aprés tout fi les Cartefiens n'avoient jamais paru au monde, le monde n'auroit jamais penfé ni entendu parler de ces caufes occafionelles qui viennent des loix generales de l'union de l'ame avec le corps, pour les oppofer à des caufes veritables, & efficaces par elles-mêmes.

Mr. Ar. ne peut comprendre avec le P. M. & tous les Cartefiens comment Dieu auroit mis, ou pû mettre dans les corps une veritable force, & une faculté naturelle de fe mouvoir. Cela leur paroît fi inintelligible, & fi inexplicable

cable qu'ils font contraints de recourir à Dieu, & de foûtenir que c'eſt lui feul qui meut immediatement les corps. En un mot il n'y a point d'autre vertu impreſſe que la volonté efficace de Dieu, qui meut elle-même tout ce qui fe meut. Comment donc celle que M. A. avec quelques autres attribuent à l'ame, capable de la modifier en mille manieres, ne leur paroît-elle pas auſſi incomprehenſible & inexplicable? Certainement s'il y a de la contradiction à admettre une force naturelle de fe mouvoir dans les corps, il y en doit avoir auſſi à admettre dans l'ame une faculté naturelle de fe former fes penſées, & de fe modifier elle-même, comment que ce foit: & tout au contraire fi ce dernier n'eſt ni impoſſible ni contradictoire, le premier ne le fera pas non plus. Cela eſt un peu embaraſſant pour M. Ar. mais il le fera bien plus fi nous jettons les yeux fur deux hypotheſes Carteſiennes qui lui font communes auſſibien qu'à fon adverſaire.

 La premiere eſt que la conſervation des choſes créées eſt un acte continuel

de

de creation. La seconde, qui est une
suite de la premiere, ou elle-même,
mais conçûë un peu differemment, est
que Dieu prédétermine toutes les creatures à tout ce qu'elles font, quel qu'il
soit, & qu'il concourt de telle maniere
à la production & à l'existence de toutes leurs actions, qu'elles sont toutes
de lui. J'ay dit que cette seconde hypothese est la même que la premiere : car
Dieu creant à tout moment tout ce qui
est, & tout ce qui existe hors de lui,
cette action est assurement anterieure
eu égard à la nature, & à l'ordre des
choses, à tout ce qui est, & à tout ce
qui existe par cette prédétermination.
Par consequent cette action est la même que celle de la creation.

Tout cela supposé il est évident que
ni M. Ar. ni aucun autre Cartesien ne
sçauroit nier au P. M. le fonds de son
systeme, & le grand principe sur lequel
il roule, sçavoir, que rien de créé n'a-
git, & n'a aucune force d'agir, que
par consequent l'ame n'a aucune faculté en soi de se modifier. En effet, comment en auroit-elle, puisqu'à chaque
mo-

moment elle eft créée de Dieu par un
acte continuel qui fait inceffamment
fon exiftence ? quelle force pourroit
avoir une chofe qui eft perpetuelle-
ment dans une puiffance purement paffive, & obedientelle, pour parler ainfi
à l'égard de Dieu, qui la produit fans
ceffe toute entiere, & telle qu'elle eft,
c'eft-à-dire, qui produit fa fubftance,
fes qualités, fes modes ? Eft-ce que cét
acte qui donne l'exiftence à la fubftance, n'influë pas auffi dans toutes les
operations qui dependent d'elle ? Leur
exiftence eft-elle autre que celle de leur
propre fujet ?

Si M. Ar. renonce à cette pretenduë
creation pour fauver les forces & les fa-
cultés d'agir des creatures, & de l'ame
entre autres, qu'il renonce donc auffi
à la predétermination de Dieu, par la
quelle il excite, & met en action toutes
les creatures. Car fi on la fuppofe, il
eft évident encore que tous les êtres
n'ont en eux aucune puiffance capable
de les faire agir. Leur veritable force
n'eft que cette feule predétermination,
c'eft-à-dire Dieu immediatement agif-

fant

fant, & ils ne sont en sa main que des instrumens passifs, qu'il applique comme il lui plaît.

Mais si M. Ar. ne peut pas renoncer à cette seconde hypothese, parce qu'il croit que l'ordre veut que tout être créé soit dans une dependence absoluë de Dieu, & la plus grande qu'on puisse concevoir, parce que Dieu est le premier être & la cause universelle de tous les êtres; qu'il retienne donc la premiere, puisqu'elle nous fait concevoir une dependence bien plus grande & plus absoluë que la seconde. Car dans la premiere hypothese les êtres dependent sans cesse d'un acte continuel, & toûjours influant, tant pour ce qui regarde leurs substances, que tout ce qui en depend, au lieu que dans la seconde ils n'en dependent pas ainsi; l'acte qui leur a donné l'existence ayant cessé, & cette existence n'en ayant plus besoin aujourd'hui.

M. Ar. n'oseroit recourir à un concours general, & dire que la creature le détermine comme il lui plaît, sur tout la creature libre. Car ou l'action

& le mouvement de l'ame se fait sans concours, ou non. Si elle se fait sans lui, il n'est ni general ni necessaire. Et si elle ne se peut faire sans lui, quelle sera donc cette action & ce mouvement de l'ame qui en sera la détermination? L'ame le peut-elle déterminer sans volonté, sans desir, sans mouvement? mais ce mouvement qui fait la détermination exige necessairement le concours; il faut donc de toute necessité que Dieu agisse le premier, & revenir par consequent à la predétermination.

Outre cela, ou ce concours ne produit qu'une partie de l'action, ou il la produit toute. S'il la produit toute, que fait donc la creature, & qui oblige à dire qu'elle agit, & peut agir? Car quand cela ne seroit pas, son action ne laisseroit pas de se faire. Et si ce concours n'en produit qu'une partie, voila donc une partie d'action & de mouvement qui vient uniquement de la creature; & si cela est, pourquoi l'autre partie, qui n'a pas besoin du concours plus que la premiere, n'en viendroit-elle pas aussi? Voila comment il

faut

faut que Mr. Arn. renonce bongré &
malgré qu'il en ait à son Cartésianisme
& Jansenisme tout ensemble, ou qu'en
se laissant aller à leur suites naturelles,
il donne la main au système Malbranchiste. Il n'y a que deux parties à prendre, ou celui de la liberté, qui ne peut
être sans action ni force d'agir, ou celui de la necessité. Mais il faut aussi
d'un autre côté que le P. M. avoue
qu'il a agi tres-malhonêtement avec
M. Arn. pour l'avoir insulté aussi inso-
lemment qu'il a fait sur le Jansenisme,
& sur la grace irresistible, ou efficace
par elle-même, & non par la coopera-
tion ou le consentement de l'ame, lui
qui n'y reconnoit aucune faculté d'agir,
encore moins celle de donner de la force & de l'efficace à la grace divine,
c'est-à-dire, à Dieu lui-même? & pour
avoir voulu par ses injures, & ses mé-
pris pour un si celebre & si ancien Docteur de l'Eglise Gallicane, rendre sa
personne, son parti, & ses sentimens
odieux au monde, quoiqu'il fut convaincu dans sa conscience que ses propres maximes reviennent à celles qu'il

fait semblant de combattre, en impo-
sant au monde qu'il est Moliniste ou Se-
mipelagien. Il faut donc qu'il fasse à
M. Ar. satisfaction sur tout cela, & sur
tout qu'il demande pardon à l'Eglise
des erreurs folles, étranges, & abomi-
nables qu'il a avancées, & soûtenuës
jusqu'ici avec un opiniâtreté extrême,
mais digne de ces faiseurs de nouveaux
systemes, dont il a fait si bien le portrait
autrefois, en faisant le sien par avance.

Refuta-
tion du
fonde-
ment du
systeme
du P. M.

Ce pere reverend ne manquera pas
de se recrier ici, & de traiter de calom-
niateur quiconque lui reprochera, que
ses principes ruinent la liberté de
l'homme: c'est pourquoi je veux le
convaincre de cette execrable impieté, qui ruine & la religion, &
toute distinction de bien & de mal, de
vertu & de vice, & fait encore Dieu auteur de toutes sortes de crimes & de pe-
chés.

I. éclair-
cissem.

Je ne repeterai pas que cela se suit
evidemment de son principe, que rien
de créé n'agit, & n'a aucune puissance
d'agir, que l'ame ne se peut modifier
elle même de quelque maniere que ce

soit,

foit, qu'elle eft purement paffive à l'é-
gard de Dieu. Car fi cela eft, où eft je
vous prie fa liberté? Mais je le ferai re-
fouvenir qu'en expliquant la liberté de
l'ame, lorfque Dieu, qui feul felon lui
la détermine, la modifie, l'applique
à ceci ou cela, il a été obligé de dire
*que Dieu ne l'appliquoit jamais à aucun
bien particulier d'une manière invincible.*
Accordez cela, je vous prie, avec ce
principe que Dieu feul modifie l'ame
& forme immediatement en elle tous
fes fentimens, fes defirs, fes penfées?
Eft ce que l'ame qui ne peut rien, &
n'a aucune force en a neanmoins une fi
grande qu'elle peut refifter à celle de
Dieu même? c'eft-à-dire une force
toute-puiffante & infinie: *Nous pouvons,* dit-il, *penfer à d'autres bien qu'à
ceux dont nous jouiffons actuellement par
une application actuelle de nôtre ame.* Je le
croi, mais ce fera quand il plaira à
Dieu de nous y faire penfer, & de nous
en imprimer le defir; tout de même
qu'une boule que Dieu a arétée ici,
peut bien aller plus loin, non par quelque force naturelle qui foit en elle, mais

parce que Dieu la peut pousser plus loin, s'il en a la volonté. C'est la comparaison dont il se sert. *Je sçai bien que l'ame est capable de penser, mais je sçai aussi que l'étenduë est capable de figures. L'ame est capable de volonté, comme la matiere de mouvement. Mais de même qu'il est faux que la matiere quoique capable de figures & de mouvement, ait en elle-même une puissance, une faculté, une nature, par laquelle elle se puisse mouvoir, ou se donner tantôt une figure ronde, & tantôt une quarrée; quoique l'ame soit naturellement & essentiellement capable de connoissance & de volonté. Il est faux qu'elle ait des facultès, par lesquelles elle puisse produire en elle ses idées, ou [son mouvement vers le bien. Il y a bien de la difference entre être mobile, ou se mouvoir. La matiere de sa nature est mobile, mais elle ne se meut pas. L'esprit de sa nature est capable d'idées & de mouvemens: J'en conviens, mais il ne se meut pas; c'est Dieu qui fait tout dans les esprits, aussibien que dans les corps, &c. Certainement il fait tout, substances, accidens, êtres, manieres.* Si ce n'est pas là être dans les termes & dans les senti-

mens

mens condannés par le canon du Concile de Trente, il faut dire que jamais herefie n'a été frappée d'anatheme. *Mais*, dit-il, *le peché n'eft rien; & voici ce que fait le pecheur, il s'arrête, il fe repofe, il ne fait rien.* Affurement, puifque Dieu fait tout, le peché ne doit être rien, & ceffer d'être peché, c'eft à dire, l'objet de la haine, de l'averfion, & de la colere de Dieu. Car Dieu ne fçauroit jamais rien haïr de ce qu'il fait, lui qui eft le fouverain bien. Mais fi le pecheur s'arréte, c'eft parce que Dieu le fait arréter, en ne lui donnant aucun mouvement pour aller plus loin; fitôt qu'il lui en donnera, il ne s'arrétera plus. S'il fe repofe, cela ne vient que de Dieu qui le détermine au repos, en ne le pouffant pas plus loin, & ne le voulant pas pouffer plus loin.

Mais qui a dit à ce Vifionnaire que le peché n'eft rien? pourquoi Dieu le défend-il donc? pourquoi & comment avoir en horreur & en execration ce qui n'eft rien? pourquoi & comment faire mourir fon fils pour un beau rien? pourquoi damner éternellement les

pe-

pecheurs pour rien? le peché eſt une
choſe auſſi réelle & auſſi poſitive que les
actions de vertu. Ce ſont des mouvemens veritables & actuels de part &
d'autre, & que Dieu commande & défend également. Il eſt faux, il eſt impie, il eſt deteſtable de dire *que tous les*
plaiſirs particuliers ſoyent aimables, c'eſt
à dire, dignes d'être legitimement aimés, & recherchés. C'eſt encore une
autre impieté execrable de dire *que le*
peché ne conſiſte pas en ce que nous aimons
un bien particulier, mais ſeulement en ce
que l'on l'aime uniquement, ou autant ou
plus qu'un autre bien plus grand que lui.
Le peché conſiſte a aimer tous les
biens, & les plaiſirs que Dieu nous défend, ſoit en general, ſoit en particulier. Et lorſque cette défence eſt faite,
ces biens ou plaiſirs particuliers ou generaux ne peuvent être aimés ſans peché, & leur jouiſſance n'a rien qui ne
ſoit criminel. Il n'y a même rien en elle
de criminel, qui ne ſoit auſſi poſitif,
que tout ce qu'il y a dans une action de
juſtice & d'obeiſſance. Car enfin c'eſt
l'action même que Dieu nous défend.
Ainſi

Ainfi fuppofé que Dieu nous y porte lui-même, il en eft lui feul la caufe & l'auteur. Hé bien qui n'aura pas de l horreur à prefent pour tous ces blaf-phemes, & ces impietés deteftables? & l'on foufre encore un homme fi impie dans l'Eglife de J. C. & dans une de fes plus faintes & illuftres focietés?

Aprés avoir établi la liberté de l'a-me, & montré que nôtre Vifionnaire la ruine invinciblement, je veux faire voir encore comment on peut renver-fer tout d'un coup fon traité de la natu-re de fa grace. Tout ce traité roule fur cette grande hypothefe que J. C. feul eft la caufe occafionelle de toute la gra-ce; que fes defirs font les caufes verita-bles & occafionnelles de toutes les gra-ces qu'il communique aux hommes; que c'eft en cela feul que confifte toute la puiffance de J. C. au ciel & en la ter-re. Cela fuppofé, je raifonne ainfi.

Tous les defirs de J. C. fes volontés, fes penfées, font autant d'actions, de mouvemens, & de modifications de fon ame. Or ou ces mouvemens & ces modifications font au pouvoir de l'ame

Renver-
fement
du traité
de la na-
ture &
de la
grace.

de J. C. enforte qu'elle a la faculté & la puiſſance de les former en elle-même par elle-même; ou bien elles ne dependent que de Dieu ſeul, enforte qu'il n'y a que lui ſeul qui puiſſe les former & les produire immediatement en elle, & qui les forme & les produiſe effecti-vement ainſi. Si ces modifications ſont au pouvoir de l'ame de J. C. adieu toute la Philoſophie Malbranchiſte, & tous ſes ſyſtemes de la nature & de la grace. Si elles n'y ſont pas, & ſi cette ame auſſi bien que la mienne n'eſt pas moins à l'égard de Dieu une puiſſance pure-ment paſſive, c'eſt donc une extrava-gance & une impieté même de dire que les volontés & les deſirs de J. C. ſont les cauſes veritables, c'eſt-à-dire, occaſionelles de la grace; puiſqu'enfin ces cauſes que l'on fait dependre des deſirs de J. C. ne viennent unique-ment que des volontés de Dieu, qui forme par lui-même & immediate-ment ces deſirs en l'ame de J. C. enforte qu'elle n'a en elle-même aucune vertu ni aucune puiſſance pour agir, & ſe mouvoir, non plus que celles de tous

les

les autres hommes du monde. Et voila la souveraine puissance que J. C. a meritée par sa mort, & qui le rend égal à Dieu son Pere.

DE LA
LIBERTE' DIVINE.

JE finirai cét ouvrage par l'examen de cette question si nous devons reconnoître en Dieu une liberté. Spinosa pretend qu'il n'y a rien de libre ni de contingent en cét être infini. *In rerum natura,* dit-il, *nullum datur contingens, sed omnia ex naturæ divinæ necessitate determinata sunt ad certo modo existendum, & operandum.* Il n'y a rien, dit-il, de contingent dans la nature des choses, c'est-à-dire, Dieu même selon lui. mais toutes choses sont déterminées par la necessité de la nature Divine à exister, & à operer d'une certaine maniere. Pour les veritables Philosophes, ils tiennent le contraire; & la preuve n'en sera pas difficile, même par les principes, & les
pro-

propoſitions de Spinoſa. Par la liberté
nous entendons une de ces proprietés
divines eſſentielles à ſa nature, par laquelle il peut faire certaines choſes, ou
ne les pas faire, & les faire de telle ou
telle maniere. Or je ſoûtiens que cette
proprieté ſe doit trouver en Dieu. Car
elle marque un pouvoir infini, une autorité, & une puiſſance illimitée, independante, & ſouverainement abſoluë, & par conſequent digne de Dieu,
c'eſt-à-dire, de l'Eſtre infiniment parfait.

Il faut bien remarquer que j'ay dit
que Dieu a le pouvoir de faire ou ne pas
faire certaines choſes : parce que la liberté divine ne regarde pas univerſellement toutes les actions & les operations de Dieu. Il y en a de neceſſaires
& d'immuables, comme ſont celles
par leſquelles Dieu ſe connoît & s'aime
naturellement. J'ay dit qu'il étoit facile
de prouver cette liberté, même par les
principes de Spinoſa. Voici comment.

Il dit que de la neceſſité de l'exiſtence de la nature divine il s'enſuit une infinité de choſes toutes neceſſaires, en

des

des manieres infinies, toutes necessaires aussi. Cette proposition demontre
évidemment tout le contraire de ce
qu'il en pretend tirer. Car s'il faut
avouër que de là necessité de l'Estre divin il s'ensuit une infinité de choses necessaires, en des manieres infinies necessaires aussi: Pourquoi donc ne di-
rions nous pas que la liberté est une de
ces choses infinies en nombre, & que
l'on doit reconnoître apartenir necel-
sairement à l'Estre infini. Si cette pro-
prieté-là n'étoit pas une suite & une des
proprietés necessaires & essentielles à
Dieu, il seroit donc faux qu'une infinité de choses s'en suivent de la necessité
de cét être: parce que la liberté ne s'en
ensuivroit point. Et si les choses qui
s'ensuivent de la necessité de l'existence de Dieu, s'en ensuivent en des manieres infinies, c'est à dire en toutes
sortes de manieres, infiniment diverses
& differentes entr'elles. Il y a donc des
actions & des operations divines qui
viennent de Dieu d'une maniere libre;
autrement il seroit faux que ce qui suit
de cette nature infinie, suit d'elle en
des

des manieres infinies, c'est-à-dire, infiniment diverses & differentes, celle de la liberté y manqueroit.

Il est impossible à Spinosa de parer ce coup à moins que de faire voir que la liberté est une chose impossible & contradictoire, ce que personne ne sçauroit jamais faire. Or il demeure d'accord que tout cela existe necessairement, dont il n'y a ni cause ni raison qui en empêche l'existence. Il faut donc admettre en Dieu cette proprieté, ou bien montrer qu'elle est la raison qui nous doit empêcher de l'admettre. Cette raison ne peut pas être prise de la nature de Dieu même, car étant infinie, elle possede donc des proprietés infinies; elle ne peut pas non plus être prise de la nature de cette proprieté même, sçavoir, que c'est une chose impossible & qui implique contradiction. Car où est la contradiction à dire que Dieu peut agir, & ne pas agir, agir ainsi, & ainsi? Il n'y a donc rien qui ne nous oblige à attribuer cette proprieté à l'être infini. Au reste je ne parle ici que de la liberté de Dieu,

quoi-

quoique mes preuves demontrent également contre Spinosa celle de tous les esprits, puisque l'estre divin selon lui renferme tout ce qui est, & tout ce que nous sommes. Parce qu'il n'est pas impossible que Dieu en formant un monde y mette une necessité inviolable, & une enchaîneure de causes se déterminant necessairement les unes les autres. Je ne croi pas que Dieu l'ait fait, & je l'ay demontré dans mon *Antispinosa*. Mais pour ce qui est de Dieu, il implique contradiction qu'il ne soit pas souverainement libre.

L'on objette que *Dieu est un être necessaire, & qui par consequent agit necessairement*. Mais que veut-on dire, quand on dit que Dieu est un être necessaire? est-ce seulement qu'il existe de toute necessité? mais que fait cela à la necessité dont l'on dispute? la matiere existe necessairement aussi, cependant elle n'a aucune operation necessaire. Veut-on dire que Dieu est une cause & un principe qui n'opere & n'agit en maniere quelconque que par necessité? Mais c'est justement la question

tion, & ce qu'il faut prouver. J'avoüe qu'on peut dire en un sens que toutes les operations divines viennent d'une cause neceſſaire, c'eſt-à-dire qu'elles viennent d'une cauſe dont l'exiſtence & les perfections ſont neceſſaires, & eſſentielles à ſon être, & qui par conſequent doit poſſeder la liberté. Quand Dieu n'agit pas lorſqu'il pourroit agir, & n'agit pas de telle ou telle maniere, lorſqu'il le pourroit faire; cette negation d'action & de maniere eſt un effet poſitif de Dieu même, & de ſa volonté, & un effet qui depend autant de la volonté divine, que lorſqu'il agit. Car s'il n'agit pas, c'eſt qu'il veut ne pas agir, & le veut par la force de ſa liberté ſouveraine & independante.

Je rétorque cét argument, & je dis Dieu n'eſt pas ſeulement un être neceſſaire, mais auſſi un être neceſſairement parfait. Par conſequent il ne peut pas n'exiſter point. Or ſi Dieu eſt neceſſité au premier effet, à la premiere operation, à celle par exemple par laquelle je conçoi qu'il a meu d'abord la matiere, ou même celle ſi vous voulez, par laquelle il l'a créé. Il est évident que cét effet n'existant pas, la cause qui le produit necessairement, doit n'exister pas non plus. Par consequent Dieu ne seroit pas necessairement existant lui seul, & necessairement parfait. Cét argument n'a aucune force contre Spinosa, qui ne distingue point la substance de Dieu de celle de la nature, & qui croit que ce que nous appellons *nature naturée* en langue d'école, ne font que les operations de l'Estre divin, & des operations immanantes en lui. Mais il est irrefutable à tous ceux qui tiennent que Dieu est un être distingué de la matiere, soit qu'il l'ait crée ou non.

Je remarque encore ici, & je prie le lecteur de le remarquer avec moi, que supposé que Dieu n'agisse que necessairement, il s'ensuit de-là évidemment que la nature n'est point une chose crée de rien ; c'est-à-dire, crée lorsqu'elle n'existoit nullement, & que Dieu seul existoit. Par consequent elle ne peut être qu'une partie de sa substance, & une émanation necessaire d'elle-même. Or la creation est une

P

chose

chofe toute oppofée à cela. Car elle fuppofe que la chofe crée n'exiftoit point auparavant. Je fçai qu'on replique que la creation emporte feulement l'idée d'une chofe qui n'eft point faite d'une autre, ni d'un fujet préexiftant. Cela eft vrai ; mais il fait connoître invinciblement auffi, qu'il faut confiderer la chofe que l'on dit être crée, comme n'étant point du tout, & n'ayant aucune exiftence. Car fi elle l'avoit toûjours euë, elle n'auroit jamais pû être produite. Puis donc que fa creation & fa production emporte neceffairement la negation d'un fujet préexiftant, il faut avouër auffi qu'elle fait voir qu'il n'y avoit rien du tout que Dieu feul, quand il l'a crée.

La grande objection qu'on peut faire contre la liberté de Dieu eft prife de la nature du bien, & de la vûë claire & infiniment parfaite que Dieu a du bien, & de ce qui y conduit le plus parfaitement. L'on raifonne ainfi. Si nous fçavions clairement & parfaitement tout ce qui nous feroit le plus utile & le plus avantageux, & les moyens qui nous y

menetoient infailliblement, nous nous
y porterions sans deliberer, & sans
choisir. Or Dieu est un être infiniment
intelligent, & qui voit d'une vûë infiniment claire & parfaite ce qui est le
meilleur & le plus convenable à faire
pour lui, & comment il le doit faire.
Il s'y porte donc de toute necessité &
sans aucune liberté de choix & d'indif-
ference. Autrement il n'agiroit pas
aussi parfaitement qu'il le peut, ni de
la maniere la plus parfaite, & la plus
digne de lui-même. Donc tout ce qu'il
fait, tout ce qu'il opere, & toutes les
manieres dont il le fait, & opere, ne
font que des choses absolument necessaires, & nullement indifferentes. Je
répons qu'à la verité si je connoissois
parfaitement & évidemment tout ce
qui me seroit le plus utile, & les moyens
qui m'y conduiroient infailliblement, je
m'y porterois sans balancer, non que
je ne pusse pas absolument parlant,
me retenir, & ne m'y pas porter: Car
il n'y a que le souverain bien où l'on se
porte sans aucune liberté, & par une
necessité invincible, mais parce que je

voudrois m'y porter. Je reconnois bien plus que si je voyois clairement les seuls & veritables moyens qui me condui- roient au souverain bien, la même ne- cessité qui me porteroit vers lui, me porteroit aussi à les embrasser. Hors de-là mon esprit a une liberté infinie; mais quand même elle ne l'auroit pas dans le premier cas proposé, cela ne peut pas blesser la liberté divine. Car Dieu n'a rien hors de soi, & ne peut rien avoir qui lui soit utile ou avanta- geux, ni qui puisse le rendre ou plus heureux ou plus parfait. Par conse- quent il n'y a rien & il ne peut y avoir rien hors de lui qui le détermine neces- sairement à agir, ou à ne pas agir. J'a- voüe qu'il ne fait rien sans raison, ni sans se proposer quelque fin digne de lui. Mais comme cette fin est toûjours la demonstration de sa liberté souverai- ne, il a toûjours le pouvoir de le faire tout comme il lui plaira. A cét égard il est vrai de dire qu'il est impossible que Dieu s'en propose une autre, parce qu'il n'y a que sa liberté qui le pousse ef- fectivement, & le détermine à agir

hors

hors de lui. Supposé donc qu'il veüille agir hors de lui, il ne se peut proposer que le seul exercice de sa liberté toute puissante. Et quand il ne voudra pas agir, ce ne sera encore que pour faire usage de cette même liberté, y prendre son plaisir & son divertissement.

Mais quoi direz-vous, quand Dieu fait quelque chose ne la fait-il pas la plus excellente qu'il peut faire, & de la maniere la plus noble & la plus parfaite? point du tout. Car ce plus va à l'infini, & dans des degrés infinis de perfection & d'excellence les uns par dessus les autres. Cét infini est donc un infini en succession, qui par consequent ne peut & ne doit jamais être que tel. Or il changeroit de nature, si Dieu produisoit actuellement la plus excellente chose qu'il pust produire, & de la maniere la plus parfaite dont il la pourroit produire. Cét infini ne seroit plus successif; & tout ce que Dieu auroit fait & feroit seroit infiniment parfait, aussi parfait du moins que Dieu l'auroit pû faire. Il n'y auroit par consequent aucune inégalité entre les choses, aucun

de-

degré de perfection plus en ceci qu'en cela. En un mot Dieu ne pourroit faire qu'une seule chose.

Il semble que l'esprit a de la peine à se rendre à cette réponce. Car il est porté naturellement à croire, que quand des êtres intelligens agissent, ils agissent toûjours le plus noblement & le plus parfaitement qu'il leur est possible. Mais cela n'est pas vrai, & nous experimentons en nous mêmes tous les jours le contraire. A plus forte raison donc Dieu aura-t'il ce pouvoir, lui qui ne voit rien de plus ni de moins noble ou parfait hors de soi, que ce qu'il lui plaît de rendre tel.

Il y a bien plus. C'est que quand l'on supposeroit même qu'aprés que Dieu auroit resolu d'agir hors de lui, & l'auroit resolu librement, il seroit necessité à agir de la maniere la plus parfaite qui lui seroit possible, cela ne ruineroit point encore ni la liberté de Dieu, ni celle de nos esprits. Cela ne ruineroit pas la sienne, puisqu'aprés tout il auroit été libre à se déterminer à agir ou non, hors de lui; & il s'y seroit resolu

de

de telle sorte qu'il auroit eu un entier pouvoir de ne le pas faire. Il ne ruineroit pas non plus la nôtre, à moins qu'on ne fît voir clairement & demonstrativement que supposé que Dieu nous formât, il n'a pû voir que ce seroit une chose plus digne de lui, & plus conforme à sa nature de nous former libres, qu'avec une necessité absoluë. Or il n'y a que Dieu seul qui ait pû voir cela. Par consequent il ne faut consulter que soi-même, & l'on ne peut consulter que soi-même, pour sçavoir ce qui en est. Or chacun étant interieurement convaincu de sa propre liberté, je dirai hardiment que Dieu en nous formant a vû qu'il étoit plus digne de lui de nous former avec une liberté, qu'avec necessité.

Mais ne serions nous pas plus parfaits si nous étions necessités à tout ce que nous faisons, pourvû que ce fût au bien ? Je n'en sçai rien : & peut-être que si j'y rêvois profondement, je n'en croirois rien. Outre cela, ce n'est pas par ma vûë que je dois, ni puis déterminer ce qui est plus ou moins par-

fait

fait à l'égard de Dieu, dont les vûës
font infinies. Lui feul en peut juger, &
par conféquent tant que je me fentirai
libre, je dirai toûjours que Dieu a vû
que je ferois plus parfait à fon égard en
me creant libre que neceſſité, fuppoſé
que Dieu foit obligé de faire ce qu'il fait
hors de lui, de la maniere la plus parfaite & la plus digne de lui. Ce n'eſt
donc que l'ouvrage de Dieu, ce n'eſt
que foi-même ce que l'on y voit, & ce
que nous en apprenons évidemment,
qui nous doit faire juger des manieres
dont Dieu a voulu agir. Cette remarque eſt excellente, & neceſſaire pour
regler nos jugemens & nos penfées fur
la conduite & les deſſeins de Dieu. Car
enfin nous ne les pouvons lire en Dieu
même : & fes voyes ne font pas nos
voyes, ni fes penfées ne font pas nos penfées. Elle ruine encore de fonds en comble les folles vifions du P. Malbranche,
qui aprés s'être bien agité la cervelle
pour inventer un fyfteme, en pofer les
principes, & les fondemens, aprés s'être
échauffé l'imagination jufqu'à l'excés
pour inventer certaines loix felon lef-
quelles

quelles il prononce que tout fe fait, de-
cide hardiment que tout cela eft ainfi,
& que Dieu agit de la maniere qu'il l'a
imaginé. Il eft certain que Dieu agit
toûjours d'une maniere digne de lui,
digne de fa puiffance, de fa fageffe, &
de la bonté, &c. Mais c'eft être un temeraire que de pretendre fous ce pretexte
que les manieres que nous imaginons
être dignes de lui le foient effectivement, & que Dieu agiffe felon elles. Je
veux même que lorfque Dieu agit, il
agiffe toûjours de la maniere la plus
parfaite & la plus digne de lui. Que
s'enfuit-il de-là? fi non que tout ce que
nous voyons clairement & évidemment être veritablement fait par cét
être infini, eft fait de la maniere la plus
digne de lui, & que les manieres que
nous découvrons manifeftemment
dans fes ouvrages, & être effectivement de lui, font les plus parfaites & les
plus dignes de lui. Encore une fois ce
font ces ouvrages & leurs manieres qu'il
faut rechercher & découvrir, pour regler nos jugemens fur eux, & n'y être jamais trompé. Tout ce que nous n'y

trouverons pas, & tout ce que nous nous imaginerons nous-mêmes nous doit être suspect, bien loin de l'attribuer à Dieu & lui en faire des loix necessaires. Cela tout au plus ne doit passer chez nous que pour des choses probables, & vraisemblables. Pour bien juger des œuvres de Dieu, il faut donc raisonner ainsi. Dieu certainement a fait un tel & tel ouvrage, & je sçai qu'il l'a fait de telle maniere. Or quand Dieu agit, il agit toûjours de la maniere la plus digne de lui. Donc cét ouvrage, ou cette chose a été faite ainsi. Mais le P. M. raisonne tout au contraire. Dieu, dit-il, agit toûjours de la maniere la plus digne de lui; or former un soleil qu'il soit impossible de voir, mais le former de telle maniere que ce soit Dieu seul que nous voyons en guise de soleil, & ainsi de tous les corps : or créer un esprit sans force ni puissance aucune, incapable de former ses propres pensées, incapable de former ses idées, incapable de se modifier en aucun sentiment quel qu'il soit : créer des corps d'hommes & de bêtes, privés de toutes sortes de sentiment, de dou-

leur,

leur, & de plaisir, incapables de voir quoiqu'ils ayent des yeux; d'ouïr, quoiqu'ils ayent des oreilles; de flairer, quoiqu'ils ayent des narines; & de gouter, quoiqu'ils ayent une langue & un palais: faire que ni les anges ni les demons, & tout esprit crée ne puisse mouvoir immediatement & par sa propre force aucun corps: faire que tout l'univers n'existe continuellement que par un acte de Dieu perpetuel & toûjours permanant, qui soit le même que celui de leur premiere creation: faire qu'il y ait des loix simples de mouvemens & de communication de mouvemens, qui fassent pleuvoir necessairement sur la terre, soit qu'on prie Dieu, ou qu'on ne le prie pas, qui tuent ou fassent naître les hommes indifferemment & necessairement aussi, qui produisent des monstres, causent des incestes & des adulteres, des meurtres & des incendies, & tout cela par une necessité inviolable & necessaire de ces mêmes loix: faire que l'esprit ne se peut appliquer, ni porter vers aucun bien en general, ou en particulier, & que s'il est appliqué à

quel-

quelqu'un, c'est Dieu seul qui l'applique, & qui l'applique d'une maniere
invincible & irresistible à cét esprit,
tant que Dieu ne le porte pas ailleurs,
ou plus loin. Car où & comment ira-t'il,
lui qui n'a aucune force ni aucune puissance, toute la puissance de la nature,
& la nature même n'étant qu'une chimere, ou plûtôt n'étant que la seule force de Dieu agissant immediatement &
par lui-même en tout & par tout? donc
former un J. C. qui n'ait pas lui-même
tout fils de Dieu qu'il soit, le moindre
pouvoir au ciel & en la terre, pas même
celui de mouvoir un atome, qui par ses
desirs divers & ses pensées diverses soit
la cause generale mais occasionelle de
toute la grace, mais de qui pourtant les
desirs & les pensées ne soient pas, & ne
viennent pas de lui-même, mais de
Dieu seul qui les lui donne & imprime
immediatement, desorte que par consequent tout se rapporte uniquement à
Dieu seul, & depende de sa volonté, qui
imprime comme il lui plaît, & quand il
lui plaît les desirs & les pensées non seulement à l'esprit de J. C. mais toutes les

au-

autres penſées & deſirs à tous les eſprits; ſibien que ni lui ni aucun eſprit
créé n'ait pas la puiſſance & la liberté
de reſiſter aux impreſſions de Dieu
quelles qu'elles ſoient; ce qui 'établit
par tout hors de Dieu ſeul une neceſſité
exterieure, antecedente, & invincible en
toutes manieres: Enfin faire de Dieu un
ouvrier ou ſi impuiſſant & mal-à-droit
qu'il n'ait pû former une machine qui
puiſſe ſe mouvoir un moment ſi Dieu
n'y tient la main inceſſamment; ou ſi ja-
loux de ſa gloire, & de ſon pouvoir qu'il
ne l'ait pas voulu faire, c'eſt le faire agir
de la maniere la plus digne de lui. Dieu
donc fait tout cela ainſi. Voila de quelle
maniere le P. Malb. raiſonne à bien
prendre ſes ſentimens, & à les bien penetrer. Mais c'eſt extravaguer auſſi, &
attribuer à Dieu, qui eſt la ſageſſe même, nos folies & nos ſonges.

J'acheve ce traité par cette reflexion
que tout ce qu'il y a de Spinoſiſtes, de
Carteſiens, & de Malbranchiſtes avou-
ent, de bouche pour le moins, & en apparence, que nous avons tous un ſentiment interieur qui nous perſuade que
nous

nous sommes libres. Je sçai bien qu'ils se moquent de ce sentiment-là, & disent qu'il n'est pas plus croyable que celui qui nous dicte que nos ames pensent par elles-mêmes, que nos corps sentent du plaisir & de la douleur, & que la blancheur est une modification des corps. Mais au moins puisque ce sentiment interieur est un faux sentiment, ils sont obligés de nous en demontrer évidemment la fausseté, jusqu'à ce qu'ils le fassent, nous serons toujours en droit d'y deferer, & de nous en laisser persuader. Or je declare ici ingenüment que je ne voi pas un seul argument capable de m'en desabuser; ni même de me le rendre suspect. S'ils en ont quelques-uns, ils me feront plaisir s'ils me l'apprennent, & m'en découvrent la force. Car c'est ici que je fais un defi sur ce sujet à tout ce qu'il y a d'Athées & de Cartesiens de me pouvoir jamais rien produire de solide & de convainquant contre la liberté divine & humaine. Je n'ignore pas ce que les Calvinistes objettent en cette occasion; mais cela est si sot & si impertinent, que je ne veux

pas

pas même le proposer ici. D'autres op-
posent les decrets éternels de Dieu, par
lesquels il a déterminé toutes choses;
d'autres je ne sçai quelle predétermination physique; d'autres un concours simultanée de Dieu; d'autres enfin un acte continuel de creation de tout ce qui
est, & de tout ce qui se fait, lequel en
cause l'existence. Mais tout cela sont
autant de visions, de songes creux, de
contradictions, d'impossibilités, & d'absurdités tout ensemble. C'est un veritable chaos, où il n'y a ni jour ni lumiere:
c'est un abîme impenetrable à l'esprit.
Que l'on me demontre un peu que
Dieu a fait des decrets éternels, & qu'il
n'en fait plus aucun à present? qu'ils me
prouvent que ces decrets ont déterminé
l'évenement de toutes choses? qu'ils me
prouvent qu'il y a une prémotion physique, un concours simultanée, un acte
continuel de creation, qui donne l'existence à tout ce qui est; que nos esprits ne
sçauroient mouvoir leurs corps, qu'ils ne
sçauroient former d'eux-mêmes leurs
propres pensées, leurs sentimens, & leurs
modifications; en un mot que rien de
créé

créé n'a aucune puissance, & que c'est Dieu seul qui fait tout. Alors j'avouërai qu'il n'y a aucune liberté, & qu'il est permis de devenir Athée ou Spinosiste.

Voila ce que j'avois à dire côtre Spinosa. Je n'ai pû le faire sans examiner les principes du Cartesianisme, qui sont les fondemens du Spinosisme. Je ne sçai ce qu'en dirôt les partisans de cette Philosophie, & s'ils prendront le parti de défendre les hypoteses que je combats, ou de montrer qu'elles ne côduisent nullemét au Spinosisme. S'ils le prenent, *c'est là où l'on les attend,* pour me servir des termes de l'auteur des nouvelles de la republique des lettres, en parlant d'un ouvrage de Fabricius: *Il promet,* dit-il, *un autre discours, où il montrera que le consentement universel des peuples à croire qu'il y a un Dieu, est une preuve necessaire qu'il y en a un. C'est là où l'on l'attend.* Au reste l'on prie le lecteur de lire la lettre latine qui suit, l'où on trouvera de nouvelles remarques contre le Spinosisme & le Cartesianisme; & comment l'un a été bâti sur l'autre.

Art. 3.
pag. 478

F I N.

Authoris Epistola ad Amicum N. de Spinosianæ impietatis origine, cum brevi illius confutatione.

Uamquam, amice dilectissime, satis ex lectione nostri operis cuivis innotescere possit, unde Spinosa suæ impietatis fundamenta traxerit : quia tamen judicasti operæ pretium fore, & lectori gratissimum, illi præsertim qui Gallica nostra non intelligit, si istud ipsum unico velut obtutu spectandum atque contemplandum exhibeatur, non potui tibi hac in re morem non gerere. Non te fugit profani istius hominis systema tribus maximè quasi fulcris & columnis niti atque stare. Primum est rerum universarum unitas summa atque perfectissima ; alterum infinitas ; postremum verò hujus unius entis infiniti, in operando & agendo absoluta necessitas. Hæc tria ita sibi mutuo manum porrigunt, & invicem sese complectuntur, ut si vel unum eorum subruas, cætera simul collabantur. Tolle unitatem perit infinitas, perit necessitas ; tolle infinitatem perit unitas, tolle demum necessitatem, & unitas, & infinitas pereunt. Quid si ergo tria subverterimus? planè in nihilum abibit Spinosa, & ejus Atheismus.

Q   ve-

Verum antequam ad hanc refutationem perveniam, juvat hic statim omnium oculis objicere, unde Spinosa in profanam & impiam hanc sententiam delapsus fuerit. Ejusce rei origo non longè arcessenda est, neque ea admodum obscura. Nam & Spinosa Cartesianus fuit, & satis celebris atque acutus. Is ut erat naris emunctæ homo, bene & diu secum perpensis Cartesii hypothesibus, easque valde ruinosas esse agnoscens, fulcrum quo starent ruinam minantibus adjecit.

Prima, ut omnes sciunt, Cartesianæ Physices hypothesis, & cæterarum omnium veluti fundamentum & basis, est omnem & quamlibet extensionem mente intelligibilem, veram atque perfectam substantiam esse, verum & solidum corpus, ipsissimam denique materiam. Cum autem mens clarè percipiat infinitum quoddam & immensum spatium existere, nullosque in ejuscemodi extensione fines & terminos occurrere debere infinitam illam dixit, saltem dicere debuit Cartesius. Vox enim *indefiniti*, quam usurpat, aliter explicari non potest. Certum enim est mentem manifesto videre nullos esse posse in extensione fines & terminos. At si *indefinita* tantummodo esset, sciret profectò aliquos in ea fines & terminos esse debere, etsi eos assignare, vel demonstrare non posset. Id videns Judæus Apostata, & Cartesianis mysteriis initiatus, audacter materiam infinitam substantiam esse pronunciavit. *Vbi*, ait ille, *datur extensio, sive spatium, ibi datur*

ne-

necessario substantia. Et alibi: *Corporis seu*   prop. 2.
materia natura in sola extensione consistit.
Et in Corollario: *Spatium & corpus non*
differunt. Et tandem in Proposit. 6. *Ma-*   prop. 6.
teria est indefinitè, hoc est, infinitè, *ex-*
tensa, & una atque eadem. In demonstra-
tione verò; *Extensionis, id est materia nul-*
los fines imaginari possumus, nisi ultra ipsos
alia spatia, id est, extensionem sive mate-
riam concipiamus, & hoc indefinitè, id est,
infinitè, juxta axioma decimum, scilicet, *nemo fines alicujus extensionis sive spa-*
tii concipere potest, nisi simul ultra ipsos alia
spatia, hos immediatè sequentia concipiat.
Planè ergo infinita est substantia materiæ.
Jam verò quod & una sit atque eadem
ita probat Spinosa, *Essentia materiæ con-*
sistit in extensione, eaque indefinita, vel
magis, infinita, hoc est, *quæ sub nullis fi-*
nibus ab humano intellectu percipi potest:
Ergo per axioma undecimum quod tale
est, *Si materia sit multiplex, neque una*
aliam immediatè tangit, unaquæque necessa-
rio sub finibus, ultra quos non datur mate-
ria, comprehenditur, ergo, inquam, non
est multiplex, sed ubique una & eadem.

Revera quando mens ad spatii naturam
attendit, videt clarè & perspicuè illud
infinitum, & immensum, adeoque unum
esse debere; id est, immensæ & unius
non verò multiformis extensionis. Spatii enim partes ita sibi cohærent atque
continuantur ut nihil in illis occurrat quod
eas à se invicem separare aut distrahere

    pos-

244

poffit. Id eft , juxta Cartefii fapientiam ,
cum mens materiam five corpoream fubftantiam attentè cogitat , videt ejus partes
ita fibi cohærere & continuas effe , ut nullum in ea inane occurrat , cujus ope partes à fe invicem dilacerentur. Nihil eft
quod in extenfionem ejus irrumpere , nihil
quod eam abrumpere queat Hinc Spinofa
Eth.p.1. afferit *nullum fubftantia , corporea fcilicet,*
prop.12. *attributum poffe concipi ex quo fequatur eum*
prop. 13. *poffe dividi.* Et infra ait, *fubftantiam infini-*
tam, corpoream fcilicet aut extenfam indivi-
fibilem effe. Idque fic probat ex inanis feu
vacui impoffibilitate. *Cur,* inquit ille,
materia partes ita aptari debent ne detur va-
cuum? fane rerum qua realiter ab invicem dif-
tincta funt , una fine alia effe & in fuo ftatu
manere poteft. Cum igitur vacuum , notet
bene ifta lector, *in natura non detur , fed*
omnes partes ita concurrere debent ne detur va-
cuum , fequitur hinc etiam eafdem non poffe
realiter diftingui, hoc eft, fubftantiam cor-
poream quatenus fubftantia eft , non poffe di-
vidi. Jam verò dum mens & animus infinita fpatia cogitat, nihil in illis reperit,
quod eorum caufa effe potuerit , aut unde
ea procefferint ; ergo æterna effe videt. At
quid proclivius quam fubftantiæ infinitæ
& æternæ infinita & æterna attributa con-
cedere? & verò undenam ea quæ jam pof-
fidet, arcefferemus? ab alia extenfione ? fed
nulla nifi una effe poteft. Ab alterius generis
fubftantia? at quis fubftantiam fine extenfione concipere valet ? & quid illud eft
quod per fe exiftit , nifi corpus , aut cor-

poris

poris substantia ﹖ Ex his porro unius hujusce entis infiniti necessitas absoluta in agendo exsurgit. Necessum enim est ut quicquid in unica substantia æterna & planè infinita, æterna lege, & inviolabili necessitate fiat. *Ex infinito enim infinita modis infinitis* Prop. 16. *sequuntur.* Præterea quicquid actu fit ab illo ente infinito, vel potius in illo, actualis est ejus affectio & modificatio pendens ab aliquo ejus attributo æterno & essentiali, atque adeo essentialiter, & per necessitatem æternam operante, & per se quidem operante, ita ut operatio illius attributi ab alio minimè pendeat attributo. *Vnumquod-* Definit. *que enim hujusce entis attributum per se conci-* IV. *pitur,* ait Spinosa, *& per se ejus essentiam constituit.* Ergo etiam per se solum operatur; ergo etiam certis tantum quibusdam modis operari potest. Alioqui ejusce attributi modi seu assertiones aliorum attributorum modi seu assertiones esse possent. Modi ergo cogitandi, modi extensionis esse possent; & vice versa operationes necessariæ liberæ forent, & liberæ necessariæ. Uno verbo unumquodque attributum non per se conciperetur, sed per aliud, & aliud per aliud, & uniuscujusque illorum conceptus in alterius conceptu involveretur.

Nunc totum hunc sermonem in pauca contrahamus, & Deum, id est, *ens absolutè infinitum,* aut *infinitè perfectum,* ex spatio ipso componamus. Id ut perspicuè & demonstrativè appareat, unico tantum nobis opus est axiomate, apud Cartesianos omnes recepto, & quo imprudentes illi

Q 3 dum·

dum alios expugnare volunt suam jugulant
causam. Tale autem est axioma. Quicquid
à se existit infinitum planè est, sive substantia infinitè perfecta, hoc est Deus Opt.
Max. Per se enim seu à se existere id ipsum
est quod mens ut excellentissimum & per-
fectissimum cogitare queat, & quo nihil
excellentius aut perfectius sibi fingere potest. Sed secundum vos substantia extensa,
seu spatium à se existit. Ergo Deus est.
Majorem, ut vocant, propositionem nemo
eorum negare audeat; Minorem quod spe-
ctat, videte quæso & perpendite, ô Carte-
siani, quid sit spatium, quod vobis & corpus & materia est? ad illius naturam atten-
dite, annon agnoscitis siquidem substantia
sit, rem ejusmodi esse quæ per se & à se
existat? id est, annon videtis animum ve-
strum non posse spatii naturam contemplari quin illico æternum esse perspiciat, adeoque infectum, innatum, ingenitum. Hæc
si non videtis, vidit certè vester Rohaltius,
Idea extensionis independens est ab idea creatio-
nis. Vidit & somniator vester, novusque
propheta & mystes Malbrancius Oratoria-
nus. *Est, inquit, adhuc ratio quædam quæ*
movet homines ad credendum materiam esse in-
creatam. Scilicet cum extensionem cogitant,
non possunt quin illam ut ens necessarium con-
templentur. Revera concipimus universum in
spatiis immensis creatum fuisse; & ejusmodi
spatia nunquam incœpisse, imo ne quidem
ipsum Deum ea destruere posse. Itaque mate-
riam ipsam cum ejuscemodi spatiis confundendo,
quandoquidem profecto materia nihil aliud
quam

Med. 9.

quàm spatium, materiam ut ens aut substantiam aternam cogitant. Ad hæc quid vos ? negabitis spatium concipi absque idea creationis? ô vel stolidi, vel malę fidei homines! stolidi qui rem talem minimè concipitis, qualę omnes alii optimè concipiunt. Malę fidei, siquidem cum talem cogitatis, improbè negatis vos talem cogitare. Agnoscitis jam quomodo ex tantilla re, quale spatium, & quale mihi inane ipsum, ens prorsus infinitum, id est Deum Opt. Max. confecerimus.

Altera Cartesii hypothesis, quæ Spinosam ad impietatem perduxit, ea est Deum eandem motus quantitatem perpetuo in universa natura conservare, & propria manu dispensare : qua opinione posita solus ipse Deus causa actualis est omnium motuum qui sunt, qui fuerunt, aut futuri sunt. Ita ut nulla res creata vim sese movendi creationis suæ beneficio adepta fuerit. At forte nobis, & mentibus aliis vis aliqua inest, si non movendi, aut motum ullum de novo producendi, saltem eum qui præsens est, pro libitu determinandi? ne id quidem dicit aut dicere potest Cartesius. Docet enim Deum ita omnia conservare ut perpetuò ea creet, continuo & indesinenti actu iis existentiam largiatur. Vade necessum est, si ne uno quidem momento in se existunt, ita neque quicquam per se operari posse. Pręterea si motum determinandi vis aliqua creaturis quibusdam inesset, quidni & movendi ? at si novus oriretur motus, non bene sibi tota rerum compages perpetuo côstaret. An magis constabit si motus determinandi vis aliquą

in

in illis agnoscatur, unde fieri quoque potest ut omnia perturbentur. Atqui fatali illa necessitate rerum omnium semel constituta, cætera quæ integrum Spinosismum componunt, necessariò sequuntur. Nam si nihil agere possunt quæcunque agunt, nisi aliunde agantur, & ad agendum determinentur; & sicubi ad agendum determinentur, agere ea necesse sit, undenam hæc necessitas? an aliunde quam à totius naturæ infinitate oriri potest? A Deo forte? Esto: at perinde est acsi ab ipsa natura oriretur. Eadem enim utrobique necessitas, qua posita perit omnis disciplina, & pietas, religio, supremiq; numinis reverentia. Iis verò sublatis quid aliud restat nisi ut licentiosè, id est Spinosianè philosophemur, & naturam ipsam in Deum transformantes, eam unicè colamus, id est, nosmetipsos, & quicquid nobis volupe erit. En processum Spinosianæ impietatis. Non ausus est ille veras causas quibus ad illam impulsus fuit clarè in Ethica sua aperire, gnarus neminem fore inter Cartesianos qui non eas subolfaceret. aut ne nihil novi non afferret homo acuminis laudem captans. Sapuit quodammodo præ Cartesio, hæc insaniendo, magis enim quam ille consequentia & consentientia dixit. Quomodo enim unà consistere possunt duæ substantiæ infinitæ, Deus & materia? Quomodo ulla substantia concipi queat absque extensione? Quomodo altera alteram ex nihilo à se toto genere diversam creavit? Quomodo si singulis momentis crea-

creatur, veræ substantiæ rationem habere
potest, id est rei quæ propriè existit, & in
se existit? Quomodo quod verè existit, &
per se, in seque existit, nullibi tamen existit? Deus scilicet ut ut infinitus & immen-
sus. Cuncta hæc igitur cùm Spinosa malè
sibi congruere & consentire videret, suis
magis convenire rebus judicavit ea omnia
quæ de Deo, ut ente absolutè infinito so-
lent prædicari, ad naturam ipsam trans-
ferre, etiam cum ipsius Dei nomine. Cur
enim Dei nomen ei rei invidisset, cui omnia
quæ Dei sunt, adscribere non erubescebat?

Ad hæc quid nos respondebimus? hoc
primum, Cartesium atque Spinosam longè falli, atque fallere, cùm ajunt omnem
extensionem, quæ animo percipi potest,
esse veram substantiam, verum corpus,
ipsam materiam, gratis enim planè fictam
hanc fuisse hypothesin, & unico hoc, quod
nihil nisi argutia, fultam argumento, *nihili nullas esse proprietates*. Cùm ergo spatii natura easdem habeat quas corpus ipsum
proprietates, longitudinem, latitudinem,
atque profunditatem, reliquum esse ut pro
vera substantia corporea agnoscatur. At
nondum video omnem extensionem veras
proprietates esse, positivas scilicet, & qua-
les in ipso corpore animadverto, an enim
spatium tangit, aut tangitur, propriè lo-
quendo? an movetur? an de loco in locum
migrat? an impenetrabile est? an dividi
potest? nequaquam, sed immobile prorsus manet, penetrabile, & individuum,
quæ omnia toto genere à corporea substan-

tia differunt. Verum origo falſæ iſtius opi-
narionis Cart ſianæ inde venit, quod de
ſpatio ipſo non aliter fere loquimur, quam
de corpore ipſo Ex ejuſmodi ergo loquendi formulis, ex penuria ſermonis na-
tis, ac deinde ex veritate idearum illa-
rum quas mens rectè de ſpatio illo formare
ſolet, illico ſubſtantiam & corpus eſſe
concludit.

Sed axioma Spinoſianum excutiamus?
Nihili, inquit, *nulle ſunt proprietates*. Quid
iſtud ſit neſcio. An ſignificat quod quicquid
ut non ens concipitur, nihil agere, nihil
propriè efficere valeat? Hoc ſi intelligunt
Carteſiani, nos habent ſibi conſentientes.
Spatium enim ſeu ſpatioſa extenſio nihil
omnino efficit. Recipit, inquies, corpora? at
quid hoc eſt recipere corpora? eſt ne agere
vel efficere quicquam? Ejus extenſio men-
ſurari poteſt. Agn ſco, ſed an iſtud vera aliqua actio? nequaquam, hoc tantum ſignificat ſpatium non repugnare, aut prohibere
quominus in eo corpora ejuſce vel iſtius
menſuræ aut magnitudinis collocentur, &
collocata exiſtant. Quid tandem ergo ſignificat illud, *nihili nulle ſunt affectiones?* an
quod mens nulias veritates de eo quod non
eſt ens verè & propriè dictum, percipit? at
quid falſius, vel ipſo Carteſio judice, qui ſta-
tuit omnia ex nihilo creata fuiſſe; ergo res
quæ jam ſunt antea nihil erant, ergo quod
nihil erat jam exiſtit. *At nihili nulle ſunt proprietates*; ergo nunquam creaturæ exiſtere
potuerunt. Apage argutias & ineptias illas!

Ad alteram hypotheſin de eadem quanti-
tate

rate motus in univerfo permanente , & ab ipfo Deo actu continuo difpenfata, refpondeo prius illud verum fortaffis effe , fortaffis inquam , necdum enim mihi liquet rem ita neceffario fe habere : at motus iftius determinationem omnem non à folo Deo effe confidenter affirmo. Nobis enim confcii fumus vim quandam in nobis infitam adeffe , per quam motus qui in nobis funt , variè pro libitu determinamus. Idque libertatis noftræ naturam conftituit. Neque ullum exinde rerum ordini periculum , nifi apud eos qui providentiam tollunt , & negant Deum infpectorem attentum effe actionum humanarum , qui eas ita dirigat ut per illas conftitutus rerum ordo minimè perturbetur.

Veniendum jam ad proprias Spinofæ rationes , quibus unicam fuam fubftantiam demonftrare conatus eft : primum quidem rerum ex nihilo productionem evertere fatagit , deinde rectà unitatem aut potius folitudinem fuæ fubftantiæ demonftrare tentat, poftea ejus infinitatem, ac tandem abfolutam neceffitatem. Quod adverfus productionem fubftantiæ affert , etfi in noftro opere expofitum fuerit , hic tamen repetemus , quia tum fine ulla refponfione illud reliquimus. Memini quidem me tum dixiffe Spinofæ argumentum vim aliquam habere videri. Videri , inquam , nam profecto fi ad ejus hypothefes , quæ ipfi cum Cartefio communes funt , attendimus , nullam vim planè obtinet , idque paucis quantum potero demonftratum dabo.

Ecce

Ecce demonstrationem illius, *Duæ substantiæ diversa attributa habentes, nihil inter se commune habent, sed res quæ nihil commune inter se habent, earum una alterius causa esse non potest.* Ex quibus hanc conclusionem lectori eliciendam relinquit, ergo cùm Deus vulgo incorporea substantia credatur, materiæ quæ corporea est, causa efficiens esse non potest. Atqui si ad Spinosæ hypotheses oculos convertamus, nullius esse momenti tota hæc demonstratio apparebit. Concedo equidem duas substantias quæ diversa habent attributa, nihil commune inter se habere, modo nulla alia nisi diversa habeant. Quid enim, si similia cum dissimilibus conjungerentur, prohiberet quominus una substantiarum earum alterius causa foret. Deus autem præter incorporalitatem qua toto genere differt ab ipsa materia, alia adhuc obtinet, quæ in ipsa quoque animadverti possunt, motum scilicet, & sensum sui, atque cogitationem. Regeres Spinosam tantummodo de ejusmodi attributis loqui, quæ materiæ essentiam constituunt, cujusmodi haud sunt motus, & cognitio secundum Cartesianos: Agnosco, nec quid juxta Cartesii hypotheses, quarum hæc postrema non est, Deum penitus inextensum esse, proptereaque *nullibi* existere, seu nullum replere spatium, regeri possit video. Sed hæc instantia minimè eos omnes ferit Philosophos, qui Deum ratione suæ substantiæ, magnitudinis immensæ esse docent, unde & ille & materia eo in attributo conveniunt.

No

Ne quis tamen queratur me Cartesianos, quos inter multos novi Dei Opt. à naturæ substantia distincti, cultores & professores sinceros, Spinosæ ludibrio exposuisse, & dereliquisse, libet in eorum gratiam responsionem aliquam quam suggessit animi meditatio, producere. Respondeo igitur verum esse duas substantias diversis præditas attributis, nihil inter se commune habere; verum nego & pernego ejusmodi substantiarum alteram alterius causam esse non posse. Instat ille : *Si nihil commune inter se habent, ergo per axioma primum quæ nihil commune inter se habent etiam per se invicem intelligi non possunt, sive conceptus unius alterius conceptum non involvit, adeoque per axioma quartum (effectus cognitio à cognitione causæ dependet & eamdem involvit) alterius causa esse non potest.* Id est, si nihil commune res istæ inter se habent, cognitio unius alterius cognitionem non referret; sed si una causa esset, & altera effectus, altera per alteram cognosceretur. Causa enim per effectum, & ille per causam cognoscitur. Sed ego ajo primam hujusce argumenti propositionem falsissimam esse, eorum videlicet quæ nihil invicem commune habent, alterum per alterum cognosci non posse. Nam vel ad momentum concedatur mentem unam creatam & productam existere, humanam nempe aut angelicam. Tum contendo eam evidentissime cognituram, se ab aliquo ente præstantiore & excellentiore esse productam. Conscia enim sibi erit jam

jam

254

jam cœpisse , neque sese produxisse ipsam.

Deinde etsi totum Spinosæ argumentum
donetur , nihil adhuc contra creationem
efficiet , nisi quidem invictis rationibus de-
monstret , nullam ejuscemodi causam esse
posse , nullum ejusmodi effectum , qui sui
invicem cognitionem necessariò semperque
non referat , ita ut statim atque causam
contempleris , simul effectum contempleris , & vice versa. Hoc enim tantummodo
locum habet in causis naturalibus , & ex
necessitate naturæ suæ agentibus. Sanè in
ejusmodi causis contemplandis simul semper videtur effectus ; quippe qui nihil aliud
sit quam progressio , evolutio , vel motio
causæ ipsius. Quum verò Deus quatenus
Creator universi spectatur , causa sit absolutè libera , & independens , suíque juris in
agendo ; eamdem connexionem videre
non est inter ejusmodi causam , & ejus effectum , mundum nempe , qualem animadvertimus inter causas physicas per naturæ
suæ necessitatem agentes. Quamobrem Dei
Idea Ideam causæ agentis , id est , Ideam
Creatoris nequaquam secum involvit ; etsi
Idea mundi , opificis sui Ideam necessariò
contineat atque comprehendat. Præterea
Spinosianum hoc axioma , *effectus cognitio à
cognitione causæ pendet , & eandem involvit ;*
& istud alterum , quod eodem recidit , *Res
quæ nihil commune invicem habent, per se invicem intelligi non possunt ,* ambiguitate & ob-
scuritate laborant. Aliter enim & aliter ac-
cipi possunt. Cum dicitur cognitionem ef-

fectus

fectus pendere à cognitione caufæ , & eam involvere, aut intelligendum eft omnem & quemlibet effectum , qualifcunque fit , cognofci nullo modo poffe , ni fimul & illico pro verò effectu habeatur , atque adeo caufam aliquam habuiffe, à qua productus fuerit. Aut intelligendum eft quicquid effectus aliquis eft , minimè cognofci poffe quin fimul ejus tota natura & effentia , atque unà ejus caufæ, à qua prodiit , penitus comprehendatur : fi primum intelligit Spinofa, rem profectò veriffimam & certiffimam dixit. Nemo enim mundum contemplari poteft , quin eum præftantioris & potentioris caufæ effectum effe videat. Si fecundum falfiffimum & palpabilem errorem erravit. Finge enim Mexicanum aliquem horologium ftatis horis refonans forte fortuna in via invenifle , nec talem machinam unquam vidiffe , clariffimè machinam hanc à fe ipfa minimè factam animadvertet : ignorabit tamen quænam & cujus generis caufa eam fabricaverit : atque ubi caufam illius cognoverit , nondum tamen in hujufce effectus idea , caufæ ipfius, id eft , hominis ideam inveniet , in ea enim talis, idea minimè continetur. Ad eundem modum de univerfo , & ejus Opifice Deo philofophandum. Quum mundum contemplamur , manifefto animadvertimus eam machinam admirabilem , à femetipfa non effectam , fed à caufa longè nobiliori , atque longè præftantiori. Interim nefcimus , neque videmus , non quæ caufa eum produxerit , hoc enim

ipfo

ipso quod aliquam ejus causam necessario
existere scimus, Deum esse scimus, nesci-
mus tamen qualis, seu cujus naturæ sit illa
causa, & quanquam istud ipsum sciremus,
nihil tamen commune esse inter talem
causam, & ejus effectum agnosceremus,
neque in idea effectus ideam naturæ & es-
sentiæ ipsius causæ contemplaremur. præter hanc generalem ideam, nimirum excel-
lentissimus cùm sit effectus, excellentissi-
mam proinde eum causam referre, imò
longè se excellentiorem, utpote à qua pro-
creatus fuerit. Si Deus Opt. Max. in propriam substantiam ageret, & in ea varios
effectus produceret, nullus certe eorum
cognosci posset absque causæ suæ cognitione ; quemadmodum nemo infantem videt,
qui simul non cognoscat eum ab alio ho-
mine genitum fuisse. Quum ergo Deus in
productione mundi, nequaquam in suam
agat substantiam, sed ex adverso extror-
sum agat, & summa cum libertate, quantum quantumvis ejusmodi effectum con-
templemur, nequaquam tamen in ejus idea
ideam Dei, naturæ, & ejus attributorum
videmus, etiamsi in ea videamus ideam
causæ potentissimæ, præstantissimæque ;
sed quæ propterea nos non docet an Deus
substantia sit corporea vel incorporea, aut
aliis nobis incognitis prædita attributis.

Postremo observandum quoque est non
prorsus reciproca ea esse, *effectus cogniti*
cognitionem causæ, & cognitio causæ cognitio-
nem effectus involvit. Fateor prius quodam
modo & sensu semper verum esse ; at
poste-

posterius falsissimum esse ajo, praesertim si causas liberas inspiciamus. Exemplum infantis esto: nemo eum videt, qui patrem simul non videat. At finge tibi adultum hominem, & qui revera pater sit, tibi occurrere, sed absque filio infante, ut omnis conjecturae suspicio tollatur, num eo inspecto patrem esse divinabis? Minimè gentium. Quid ita? Quia in potestate ejus fuit gignere vel non gignere filium. Falsum ergo prorsus est eorum quae per se invicem intelligi non possunt, alterum alterius causam esse non posse; imo falsum ea quorum alterum alterius causa est, per se invicem necessariò & semper intelligi debere. Spero Cartesianos propter ejusmodi responsum gratias mihi acturos. Ejus vim & momentum si bene secum expendant, perspicient Spinosæ irrefutabile esse, ac si quid adversus hiscere audeat, semper idipsum quod in quæstione versatur, pro concesso sumpturum, id est τὸ ἐν ἀρχῇ petiturum.

Aliud adhuc responsionis genus eis subministrare possum adversus secundam Spinosæ demonstrationem, qua Dei à natura distincti existentiam tollere ex eo conatur, quod necessum esse putat, ut unicam planè in rerum universitate substantiam confiteamur. Ut evertatur primum quidem contendendum est, & ponendum Dei substantiam, & materiæ diversis ab invicem distingui attributis. Deinde per attributa intelligendum est cum Spinosa, *Quicquid mens percipit essentiam substantiæ constituere.* Postremò adjungendum erit id quod ipsemet pronunciat, *unumquodque substantiæ attributum per se concipi debere, quemadmodum & ipsa concipitur substantia.* His omnibus præsuppositis, & concessis, colligendum erit, duas igitur in rerum natura existere debere substantias diversis distinctas attributis, Deum & materiam. Quomodo ? Quoniam certissimum est, & vel sole meridiano clarius, mentem nostram duo in rerum universitate attributa ejusmodi animadvertere, quorum unumquodque per se concipitur, adeoque per se unumquodque substantiæ sibi propriæ naturam constituit. Duo hæc attributa ipso fatente Spinosa extensio sunt & cogitatio. Regeret quidem, etsi unumquodque eorum per se concipiatur, adeóque substantiæ naturam constituat, nequaquam tamen alteram & alteram efficere substantiam. Sed ita respondere est sese dedere. Nam si unumquodque eorum attributorum per se concipitur, & per se simul essentiam constituit, quomodo fieri potest ut alteram & alteram non constituat substantiam? Id vidit Spinosa, & ut ei occurreret in scholiis, infœliciter admodum philosophatur. Ait diversitatem attributorum non constituere diversitatem substantiarum, *quia de natura substantiæ est ut unumquodque ejus attributum per se concipiatur.* At quid hoc ad rhombum? Nihil planè Imo quid turpius quam hoc effugium ? gratis enim tantummodo id ipsum quod quæritur pro

certo

certo & concesso sumit, unam scilicet substantiam plura attributa diversi generis habere. *Est*, inquit, *de natura substantiæ ut unumquodque ejus attributum per se concipiatur*. Supponis ergo unicam hanc substantiam plura & quidem diversa attributa obtinere, at idipsum est quod in controversiam vocatur, & ex eo jure merito negatur, quia unumquodque substantiæ attributum per se concipitur; ergo etiam per se solum constituere natum est & idoneum substantiæ sibi propriæ naturam. Ad hoc quid ille Atheus? Nihil, nisi quòd nos ad entis sui absolutè infiniti demonstrationem remittit. Sed nec istud objectionem solvit. Imo verò quum clarissimè animus meus duarum substantiarum diversis à se invicem distinctarum attributis existentiam percipiat, unoquoque earum attributo veræ substantiæ ideam & conceptum repræsentante; ergo etiam manifestum est me nullo modo cogi ad unius entis absolutè infiniti existentiam agnoscendam. Si enim ad ejusmodi substantiæ infinitis præditæ attributis existentiam agnoscendam cogeretur animus, nunquam planè duas à se invicem distinctas cogitare & percipere posset. Earum enim existentia res ejusmodi foret quæ manifesta contradictione implicaretur.

Secunda Spinosæ ad unitatem substantiæ universi astruendam demonstratio ejusmodi est ut duplex videri possit. Primum enim diversitatem substantiarum rectà petit, dein obliquè, infinitatem ejus scilicet asserendo. *prop. 4. & 5.* Diversitatem tollere conatur ex eo quod si plu-

plures exifterent fubftantiæ à fe diverfæ &
diftinctæ, oportet ergo ut inter fe diftin-
guantur diverfitate attributorum, aut tantummodo diverfitate affectionum. At fi
diftinguntur tantum diverfitate affectionum, re ipfa haud inter fe diftinguntur,
quippe quæ in attributis effentialibus conveniunt. Præterea affectiones pofteriores
natura & ordine funt fua fubftantia, illa
ergo in fe præcife confiderata una & eadem apparebit. Si verò diverfitate attributorum diftingui dixeris, quid regeret Spinofa? Nihil planè. Hic enim hæret & mu-
tus eft ut pifcis. Unum hoc muffat, *Conce-
ditur ergo non dari nifi unam ejufdem attributi
fubftantiam.* Quafi verò? Equidem Spinofæ
confecutio legitima foret, fi diceretur fo-
lam diverfitatem attributorum diverfitatem fubftantiarum efficere. Illa equidem
neceffariò diverfitatem fubftantiarum in-
ducit, at non fola, nihil enim vetat plures effe fubftantias unius & ejufdem attributi, id eft fibi invicem in attributis fimiles. Idem enim fimilitudo præftare poteft quod ipfa præftat diverfitas, modo hæ
fubftantiæ fimiles feorfim exiftant, aut
exiftere poffint. Id vidit Atheus ad fcholion
propofit. 15. ibi enim revelare cogitur fui
Atheifmi arcanum, Cartefianam hanc
nempe hypothefin, nullum dari inane fpa-
tium abfque corpore, proindeque fubftantiam corpoream infinitam effe & in-
divifibilem. *Atque hoc omnes, ait, qui
claram rationem infallibilem effe fciunt, fa-
teri debent, imprimis ii qui negant dari vacuum.*

cuum. Vides, amice, quo pacto ex unitate illa infinita extensionis cujuscumque, suæ substantiæ unitatem fabricaverit Spinosa, id est, idolum suum. Patet ergo quotquot cum Democrito, Leucippo, Epicuro, & nostro Gassendo, ac demum celeberrimo Boylio Societatis Regiæ Londinensis ornamento, & curiosissimo naturæ totius indagatore, inane præter corpora, & inter corpora disseminatum esse putant, atque atomos varii generis, variæq; figuræ pro materia prima constituunt, impunè pseudo-demonstrationes Spinosæ ludibrio hábere.

Ad infinitatem progrediamur. Conatur illam elicere ex eo, *quod non nisi unius attributi unica substantia existat. Erit ergo, inquit, finita vel infinita. At finita esse non potest. Alioquin per definitionem secundam deberet terminari ab alia ejusdem natura, qua etiam necessario deberet existere. Adeoque darentur dua substantia ejusdem attributi, quod absurdum per propositionem quintam. Existit ergo infinita* prop.12. Q. E. D. Pudet me tam impudentis hominis meras nugas pro demonstrationibus jactantis. Scilicet pro concesso sumit unicam tantum esse posse unius & ejusdem attributi substantiam, quod tamen nemo sanus ei concesserit, nisi qui inane nullum cum Cartesio explodat. Demus tamen illi res ejusdem attributi unicam esse substantiam, nego propterea sequi illam esse infinitam. Erit ergo finita ? etiam. Ergo, inquies, ab alia, quæ finita quoque erit,

ter-

terminabitur, & ista ab alia, sicque in infinitum, Esto, nihil hic absurdi video. Annon perinde est Spinosæ numero infinitas substantias à se invicem distinctas credere, & unicam dumtaxat absolutè infinitam. Deinde nego si finita sit aliqua substantia, propterea eam ab alia ejusdem aut alterius attributi terminari debere. Neque obstat Spinosæ definitio, *Ea res finita dicitur quæ ab alia ejusdem generis terminari potest.* Cùm secundum illam sufficiat eam substantiam quæ finita dicitur posse tantum ab alia terminari, dummodo & per seipsam revera terminetur. Aliud longè est rem finitam talem ideo dici, quod ab alia terminari debeat, & aliud quod ab alia terminari possit. Alterum rerum aut substantiarum infinitam multitudinem inferre videtur, alterum minimè.

Instat Spinosa : *Cum finitum esse sit ex parte negatio, & infinitum absoluta affirmatio existentia alicujus natura. Sequitur ergo ex sola septima propositione (ad naturam substantia pertinet existere) omnem substantiam debere esse infinitam.* Idem Malbrancius argumentum affert ad probandum mentem prius Deum cogitare, id est ens infinitum, quam seipsam. Nimirum uterque unicam vult esse universi substantiam, quam uterque Dei nomine vocat : sed ejusmodi argumentum futile prorsus. Non perversam hanc loquendi formam in Atheo exagitabo. *Finitum est ex parte negatio, &c.* Hoc enim eum velle facilè divinamus, nos seu mentem nostram non posse rem aliquam *finitam*

co-

cogitare, quin eo ipso aliquid de ejus substantia, id est, *infinitam* esse neget. Certè res ita se habet. Attamen facile est men-
ti res aliquas cogitare & percipere minimè
cogitando an *finitæ* sint vel *infinitæ*, imo in-
numeras ita cogitat. *Finitum* enim & *infinitum* vocabula sunt relativa quæ cogitationem reflexam & comparantem indicant.
Nimirum mens id *finitum* cogitat, quod
cum alia re quæ *infinita* videri potest, com-
parat, & vice versa *infinitum* id esse cogitat quod cum nulla alia re metiri & com-
ponere valet. Simplex ergo rei cujuscun-
que apprehensio & perceptio neque *infinitam* neque *finitam* repræsentat. Ergo ex adverso rem aliquam ut *infinitam* concipere
non est absoluta existentiæ illius affirmatio;
sed potius reflexa est & comparativa affirmatio. Delirat igitur Spinosa cum ita col-
ligit, ad naturam substantiæ pertinet existere, ergo infinita existit. Postremo undenam hoc privilegium substantiæ præ modis
& affectionibus ipsis? Si dicere, substantia necessariò existit, dicere est, infinitam existere, quidni de modis idem pro-
nunciandum? ergo dicere motus existit,
dicere est eum infinitum existere. Dolorem
sentio, ergo infinitum dolorem sentio.

Et hoc vidit Spinosa, utque ei medere-
tur redit ad prioris demonstrationis de unitate substantiæ confirmationem. *Notandum
est, inquit, 1. veram uniuscujusque rei definitionem nihil involvere, neque exprimere præter rei definitæ naturam. Ex quo sequitur hoc
2. nempe, nullam definitionem certum aliquem*

nu-

numerum individuorum involvere, neque exprimere, quando quidem nihil aliud exprimit quam numerum rei definitæ. Exempli gratia, definitio trianguli nihil aliud exprimit quam simplicem naturam trianguli, at non certum aliquem triangulorum numerum. Notandum 3. dari necessario uniuscujuscunque rei existentis aliquam causam propter quam existit. 4. Denique hanc causam propter quam aliqua res existit vel debere contineri in ipsa natura & definitione rei existentis, nimirum quod ad ipsius naturam pertinet existere, vel debere extra ipsam dari. His positis sequitur quod si in natura certus aliquis numerus individuorum existat, debeat necessario dari causa cur illa individua, & cur non plura, nec pauciora existant, &c. Iam quoniam ad naturam substantiæ pertinet existere, debet ejus definitio necessariam existentiam involvere. At ex ipsius definitione ut jam ex nota 2. & 3. ostendimus, non potest sequi plurium substantiarum existentia. Sequitur ergo ex ea necessario unicam tantum ejusdem naturæ existere. Ista nihil ad Spinosianæ substantiæ unitatem faciunt. Ita enim, & quidem in oppositum sensum ex ejus observationibus nobis concludere licet. Definitio substantiæ simplicem illius naturam, aut ideam exprimit. Ergo non magis unius quàm plurium existentiam arguit. Ejus ergo definitio nullius est momenti ad ejus unitatem adstruendam. Quod autem ex ipsa substantiæ definitione non magis urius quàm plurium existentia sequatur nihil clarius. Nam qui dicit substantiæ naturam in eo sitam esse quod in se & necessario existat, neque hanc, neque istam, aut illam

ponit substantiam , Ideam tantum substantiæ in genere delineat. Superest adhuc
ut mens inquirat an idea illa uni vel pluri-
bus convenire & aptari queat. Sed unde
arcesses necessitatem & causam existentiæ
plurium substantiarum? nullam aliam ajo
causam assignari debere quam quod ita
existant, & clarè mens videat eas existere, & quidem necessariò existere. Ver-
bi gratiâ , videt necessum esse ut Deus
existat , ut pote ens infinitè perfectum ,
videt etiam necesse esse ut materia existat ,
ut pote rem sine qua nihil à Deo factum
fuisset.

Denique unitatem suàm demonstrare per-
git ex necessaria substantiæ cujuscumque
indivisibilitate. Nam si omnis substantia indivisibilis, una est profecto. *Nullum*, inquit, *substantiæ attributum potest verè concipi
ex quo sequatur substantiam posse dividi.* Cre-
do equidem, sed quid vetat quo minus dividi queat etsi nullum ejus attributum divi-
sibilitatem illius necessario inferat. Sufficit
enim si minimè necessario excludat. *Verum,*
inquit, *partes in quas divideretur vel naturam
substantiæ retinebunt?* Retinebunt. Ergo, ait,
unaquæque pars debebit esse infinita per prop. 8.
Nequaquam, nam propositionem illam eli-
dimus & subvertimus. *Erit causa sui per prop.*
6. Haudquaquam, si plerosque Cartesianos,
& cæteros philosophos sequamur. Erit quidem sui causa, + si Epicurum audiamus, &
Democritum, & Leucippum. At quid inde?
Instat, *una substantia ab alia produci nequit.* Itane? Cur quæso? *Hoc demonstratur,*
ait,

R 5

prop. 12.

* *id est , juxta* Spines. illud cu-jus es-sentia involvit existen-tiam,*per* def. 1.

ait, *ex abfurdo contradictorio.* Qualenam ? Si *fubftantia ab alio produci poffet, ejus cognitio à cognitione fuæ caufa deberet pendere per axioma 4. adeoque per definit. 4. non effet fubftantia.* Ergo fi definitionem iftam refpuimus nihil promoves tota argumentatione tua. Et verò quis tibi licentiam dedit fubftantiam ita definiendi. *Per fubftantiam intellige id quod in fe eft, & per fe concipitur, hoc eft, id cujus conceptus non indiget conceptu alterius rei à quo formari debeat.* Libenter concedo fubftantiam id effe *quod in fe exiftit,* id eft, quod nullo alio fubjecto indiget ad exiftendum. Cætera verò quæ adnectit Spinofa negligere tam licet, quàm adjungere licuit illi: Sed donemus & integram Spinofæ fuam definitionem : Tranfeat ergo. Verumtamen velim mihi oftendat fiquidem una fubftantia ab alio producatur, neceffariò hinc confequi ejus cognitionem à caufæ fuæ cognitione pendere. hoc enim nec video, nec videre poffum Equidem largior mentem non poffe fubftantiam ab aliqua productam qua talem contemplari, quin ejus cognitio, caufæ cognitionem involvat. Sed mens mea poteft aliquam fubftantiam contemplari fimpliciter ut fubftantiam, ut rem in fe exiftentem, nefciens videlicet an producta fit nec ne. Imo poteft eam per fe concipere, & improductam credere, etfi producta fuerit.

Ita fanè refpondebunt quotquot creationem univerfi tuentur, & Spinofam ipfum in exemplum adducent qui mundum uti rem improductam credidit, & per fe concepit,

cepit, qui tamen minimè juxta ipsorum sententiam increatus fuit & ingenitus.

At liberaliter cum Atheo illo agere libet. Concedo igitur nullam substantiam esse divisibilem. Ergo unica tantum, eáque infinita existit substantia. Minimè gentium. Sequitur duntaxat in omni & qualibet substantia aliam & aliam non inesse. Id est, sequitur tantum illam esse indivisibilem. Et hoc ipsum est quod Leucippi & Democriti discipuli volunt & contendunt, materiam scilicet congeriem esse innumerabilium *atomorum*, id est, substantiarum absolutè indivisibilium. Nihil enim aliud *atomus* quam indivisibilis substantia.

Redit Atheus ad suam infinitatem: *Quo plus realitatis unaquaque res habet, eo plura* prop 9. *ei conveniunt attributa.* Minorem hanc propositionem reticet, Sed substantia extensa, infinita est, & immensa ratione suæ extensionis, id est, suæ substantiæ, ergo infinitis prædita est attributis. Uno verbo, quo amplior & magis extensa substantia est, eo plura ei adscribenda sunt attributa Sed heu tam ingens effatum alia ratione, quam sola Spinosæ authoritate comprobandum! nego enim & pernego quo aliqua substantia amplius extenditur, eo plura obtinere attributa. *Id patet*, inquit ille, *ex definitione quarta.* Consulamus ergo hanc definitionem. *Per attributum id intelligo quod intellectus de substantia percipit, tanquam ejusdem essentiam constituens.* Nihil adhuc video quod ad attributorum multitudinem faciat pro amplitudine substantiæ.

Vi-

268

Video tantum sequi, si aliqua substantia maximè extensa sit, attributum illud ejus quod
mens percepit essentiam ejus constituere,
maximè quoque extensum fore, id est ejus
extensionem, quæ attributum est substantiæ corporeæ, amplissimum esse.

Pervenimus tandem ad Spinosiani sy-
stematis acropolim, videlicet ad entis absolutè infiniti directam demonstrationem.
prop. 11. *Deus, inquit, sive substantia constans infinitis
attributis, quorum unumquodq; æternam & infinitam essentiam exprimit, necessario existit.* Tota hæc propositio, & quę ad ejus demonstrationem adjungit Spinosa, def. 6. tantummodo
defin. 6. nititur. *Per Deum intelligo ens absolutè infinitum, hoc est, substantiam constantem infinitis
attributis, quorum umumquodque æternam &
infinitam essentiam exprimit.* Et definitionis
istius explicatione, *Dico ens absolutè infinitum
non autem in suo genere. Quicquid enim tantum
in suo genere infinitum est, infinita de eo attributa negare possumus. Quod autem absolutè infinitum est, quicquid essentiam exprimit, & ne-
gationem nullam involvit, ad ejus essentiam
pertinet.* Rejice ergo hanc definitionem,
ruit statim prop. 10. At cur rejiciam, inquies? Quia ipse Spinosa te eam rejicere debere docet. Loco enim infinitorum attributorum quæ de ente illo suo absolutè infinito modò affirmabat, quæque se illi adscribere simulabat, duo tantum illi concedit,
epist. 66. cogitationem scilicet & extensionem: *Ap-
paret itaque,* ait ille in epistola ad nescio
quem, *mentem humanam nulla alia præter
hæc duo, cogitationem scilicet & extensionem,*

in-

involvere atque exprimere. Ergo non est ens
absolutè infinitum. Attamen illud ens corpus & spatium est. Spatium autem infinitè
extensum est, infinita ergo substantia est.
Pollet ergo infinita realitate : ergo infinitis
tandem pollere debet attributis. Nihilomi-
nus minimè pollere nos docet ipse Spinosa.
Ergo falsum est *ens absolutè infinitum* existere , falsum *omnem substantiam infinitam
esse*, falsum illud , *quo plus realitatis unaquaque res habet eo plura obtinet attributa*,
falsum denique totum systema Spinosianum.
Neque dicas alia entis istius infiniti attributa
te fugere & latere ; nam si te latent, ad
tuam certè substantiam minimè pertinent,
aut ejus essentiam non constituunt, aut tandem tua substantia ad entis istius infiniti
essentiam minimè pertinebit. Undequaque
ergo infinitum nequaquam erit.

Ex his quid de necessitate istius entis absolutè infiniti in operando sentiendum sit, satis liquet, nullam scilicet esse; non entis enim
nullæ sunt proprietates. Sed id melius vide-
bis singula Spinosæ in hanc rem argumenta
percurrens. Huc collimat prop. 16. *Ex necessitate divina natura infinita infinitis modis sequuntur.* Sed tantù abest ut summã & absolu-
tãDei in agendo necessitatem hæc propositio
inferat, summam è contra libertatem clarissimè infert. Si enim ex necessitate divinæ
naturæ infinita modis infinitis sequi necessum est, ergo necessum est ut liberrimo modo agat. Alioqui liberè agendi modus infinitis illis modis qui ex divina natura sequuntur deesset , atque inter illos desideraretur.

Sed,

270

Sed, inquit, *Dei omnipotentia ab æterno fuit, & in æternum erit in eadem actualitate.* Quid hoc fit explicet Atheus ? an intelligit omnipotentiam divinam eandem femper actu manere in Deo, id eft, Deum femper actu effe omnipotentem ? hoc fi intelligit, libenter affentimur. An verò intelligit quod Dei omnipotentia ad idem femper, & eodem femper modo quo operatur, operandum determinetur ? Aft iftud ipfum eft quod quæritur. Eodem fpectat propof. 26. *Res quæ ad aliquid operandum determinata eft, à Deo fic fuit neceffario determinata; & quæ à Deo non eft determinata, non poteft feipfam ad operandum determinare.* Et prima & poftrema pars hujus propofitionis falfa eft, & neutram probat Demonftratio adjecta, ait, *Id per quod res ad operandum determinantur, effe quid pofitivum, cujus proinde exiftentiæ & effentiæ Deus caufa fit efficiens. Vnde & fequitur, quod fi res quæ à Deo determinata non eft feipfam determinare poffet, Deus non effet caufa efficiens effentiæ & exiftentiæ pofitivi illius per quod ad operandum determinatur.* Atqui licèt Deus fit caufa efficiens *pofitivi* illius per quod res ad agendum determinantur, non propterea tamen neceffum fuit ut à Deo ita determinentur; potuerunt enim aliter ab illo determinari. Deinde negamus res quafcunque, nifi determinentur ad agendum à Deo, feipfas non poffe determinare, modo feipfas determinandi virtute & poteftate Deus ipfe inftruxerit. Ita quidem eft Deum effe rerum omnium creatarum effentiæ & exiftentiæ caufam,

at

at non semper *immediatam* & *proximam* : nimirum *immediata* causa est cùm per se solum & immediatè agit atque operatur. Mediata verò & remota causa est, cùm agunt ea quæ effecit & produxit agendi virtute instructa. Objicit adhuc, *Quicquid in Deo est contingens dici non posse.* Agnosco. Neque *prop. 29.* enim libertas contingens est aliquid in Deo, sed potius necessarium, & essentiale ejus attributum. Neque ejusce attributi affectiones *contingentes* dici possunt, fluunt enim necessario ex illius natura. Verumtamen nulla earum est ad quam magis Deus adstringatur quam ad aliam, vel aliam. Juvat integram Sophistæ propositionem, & ejus demonstrationem transcribere. *In rerum natura nullum datur contingens, sed omnia ex necessitate divina natura determinata sunt ad certo modo existendum & operandum.* Demonstratio. *Quicquid est in Deo est : Deus autem non potest dici res contingens, nam necessario non vero contingenter existit. Modi deinde divina natura ex eodem etiam necessario, non vero contingenter secuti sunt. Porro horum modorum Deus non tantum est causa quatenus simpliciter existunt, sed etiam quatenus ad aliquid operandum determinati considerantur. Quod si à Deo determinati non sint, impossibile non vero contingens est ut seipsos determinent, & contra si à Deo determinati sint, impossibile, non vero contingens est ut seipsos indeterminatos reddant. Quare omnia ex necessitate divina natura determinata sunt, non tantum ad existendum, sed etiam ad certo modo existendum, & operandum, nullumque da-*

datur contingens. Q. E. D. Infinitum esset omnia hujusce pseudo-demonstrationis vitia detegere, & emendare. Supponit primum in Deo esse, quicquid est. Cum ex adverso præter Deum materiæ substantiam existere censeamus. Deinde & illa nititur unitate & infinitate & indivisibilitate substantiæ, quam refellimus. Præterea sophistica planè est, & consequentia ejus nulla. Non enim, quanquam Deus contingens non sit, sequitur quicquid in Deo est, non contingens quoque esse. Aut si ejusmodi consequentia recta est & valida, eadem ostendam, quicquid in Deo est, substantiam esse, adeóque nullos existere modos. Quicquid est, in Deo est, sed Deus substantia est, & non modus, ergo quicquid est, substantia est, & non modus. Scilicet hæc argumentatio eo nititur pseudo-axiomate, quod apud plerosque Theologos receptum est, quicquid in Deo est, ipse Deus est. Id autem falsissimum planè, & pro falsissimo Spinosa habere debet. Adde quod hæc demonstratio supponit adhuc quod quicquid est, qualecunque sit, & essentiam & existentiam suam à Deo mutuatur. Fateor quicquid in Deo est, ab ipso pendere quoad essentiam simul & existentiam. Accedit adhuc illam cum falsitate absurditatem conjungere. Nam quid absurdius quàm existimare & affirmare modos divinæ naturæ ad operandum determinari, quasi modi ipsi quicquam operarentur, cùm è contra modi ipsummet operari, aut ipsæmet operationes sint. Agens sive subjectum aut substantia ipsa , vel Deus operatur, ejus verò operationes modi sunt ejus naturæ. Denique supponit illa Deum non aliter quàm necessitate invictâ creaturas omnes ad agendum determinare ; ac tandem eum nullas creare posse , simul indeterminatas, & tamen sese ipsas determinandi potestate imbutas & donatas. Addere possem nihil libertati divinæ aut humanæ officere etiamsi omnia à Deo determinata sint ad certo modo existendum & operandum. Revera enim quæ libertate prædita sunt, ut talia existerent , & juxta hunc libertatis modum operarentur adeo producta fuere , & determinata.

Sophistæ quidam quos audio *Spinosismum* intus fovere & latenter obtrudere , objiciunt , si datur in Deo libertas agendi vel non agendi, igitur in æternum hanc facultatem minimè operaturam. Quomodo ? Quia æterna est non agendi facultas. Nunquam ergo aget. Quid nugis illis insanius ? Putant imperiti illi libertatem , quando facultas non agendi dicitur , re vera *non agere* pro objecto suo habere. Cùm è contra significetur tantum illam facultatem posse hoc vel illud agere, hoc modo vel isto agere. Omnino fieri nequit ut divina libertas planè ab omni operatione cesset. Sed potest vel hanc , vel istam , vel aliam pro arbitrio efficere.

Instant omnem operationem , ac modum omnem operandi æternas res esse adeoque planè necessarias. Æternas inquam. Alioquin *aliquid de novo fieret.* Id est , *nihil fieret*

 ali-

aliquid. Sed nihil aliquid fieri nequit. Nugæ
adhuc. Cùm vulgò dicimus *ex nihilo nihil fieri*
id tantum intelligimus de vero ente, de substantia, seu de re quæ verè & propriè & in
se existit; minimè verò de actionibus, aut
actionum modis, quæ nec sunt entia, nec
ullam uti substantiæ ipsæ, propriam habent
subsistentiam. Sed agere, inquiunt, vel non
agere, eodem modo quo aliquid & nihil de
se invicem negantur, sibique opponuntur.
Nequaquam, nihil enim enti opponitur, uti
rei quæ propriam habet existentiam; actio-
ni verò ut rei quæ nullam propriam habet
existentiam. Clarissimè autem ea distingun-
tur quorum unum propriam habet existentiam, alterum minimè; ergo etiam diverso
modo, diversaq; ratione nihilo opponuntur.
Verùm, inquies, nonne Deus necessarium
agens est? nonne hoc vel illud necessariò
operatur? respondeo, Deum & necessarium
agens esse, & liberum simul, at diverso re-
spectu: necessarium agens est quia fieri nequit quin hoc vel illud operetur, & non aliquo modo, vel isto, vel illo operetur; liberum verò quia fieri potest, & quotidie acci-
dit ut hoc potius quàm illud, aut isto quàm
illo modo operetur. Ostendant Spinosiani
Deum *ad unum hoc* præ isto insuperabiliter
determinari. Hîc se viros præstent. Vides tandem, amice, profligatam omnino & eversam
Spinosæ machinam. Plura adderem, si non
epistolam scriberem. Interim rogo te si quid
in ea desideres, quod facere possit ad Spinosæ perfectam refutationem, benignè mo-
neas, & indices. Vale,

Amstelodami, 2 Cal. Septemb.

Fautes à corriger.

Pag. 1. *lin.* 15. non pas un, *lis.* non pas même un. *p.* 48. *l.* 19 leur sens, *l.* le sens. *p.* 51. *l.* 2. respect, *l.* rapport. *p.* 53. *l.* 5. seroit. *l.* fût. *p.* 79. *l.* 13. en, *l.* à. *p.* 92. *l.* 7. renfermées, *l.* reformées. *p.* 128. *l.* 24. essentielles, *l.* essentiels. *p.* 132. *l.* 11. esprit, *l.* cerveau. *p.* 134. *l.* 20 un tiers, *l.* un quatriéme. *p.* 145. *l.* 12. tant, *l.* tout. *p.* 185. *l.* 5. en dehors, *l.* au dehors. *p.* 193. *l.* 25. ne dirai-je, *l.* je ne dirai. *p.* 201. *l.* 14. avance, *l.* aucune. *p.* 202. *l.* 7. toutes notions, *l.* toutes les notions. *p.* 211. *l.* 5. parties, *l.* partis. *p.* 235. *l.* 23. necessité, *l.* suite.

Ad Epistolam.

Pag. 245. *lin.* 3. *post* quicquid *adde* fit. *ibid.* *l.* 20, & 21. assertiones, *l.* affectiones. *p.* 246. *l.* 12. *post* audeat, *adde hoc*, Me enim quod attinet, eam audacter inficior, & ad eam cum Episcopio respondeo, *à se esse non magnam dicit perfectionem, sicut neque esse singularem perfectionem dicit. Quid enim singulare habet rudis, bruta & indigesta moles supra nihilum, sed à se esse cum tali perfectione ut in omnia alia agere possit, & à nullo pati necesse habeat, id perfectionem veram quin indicat extra dubium est.* Epist. præst. vir. epist. 407. *p.* 247. *l.* 18. vade, *l.* unde.

www.ingramcontent.com/pod-product-compliance
Lightning Source LLC
Chambersburg PA
CBHW061446060726
47597CB00002B/480